Informatik aktuell

Reihe herausgegeben von

Gesellschaft für Informatik e.V. (GI)

Ziel der Reihe ist die möglichst schnelle und weite Verbreitung neuer Forschungs- und Entwicklungsergebnisse, zusammenfassender Übersichtsberichte über den Stand eines Gebietes und von Materialien und Texten zur Weiterbildung. In erster Linie werden Tagungsberichte von Fachtagungen der Gesellschaft für Informatik veröffentlicht, die regelmäßig, oft in Zusammenarbeit mit anderen wissenschaftlichen Gesellschaften, von den Fachausschüssen der Gesellschaft für Informatik veranstaltet werden. Die Auswahl der Vorträge erfolgt im allgemeinen durch international zusammengesetzte Programmkomitees.

Herausgegeben
im Auftrag der Gesellschaft für Informatik e.V. (GI)

Weitere Bände in der Reihe http://www.springer.com/series/2872

Herwig Unger · Marcel Schaible (Hrsg.)

Echtzeit 2021

Echtzeitkommunikation

Fachtagung des gemeinsamen Fachausschusses
Echtzeitsysteme von
Gesellschaft für Informatik e.V. (GI),
VDI/VDE-Gesellschaft für Mess- und Automatisierungs-
technik (GMA) und
Informationstechnischer Gesellschaft im VDE (ITG,)
Boppard, 21. und 22. November 2020

GESELLSCHAFT FÜR INFORMATIK E.V.

 VDI/VDE-Gesellschaft
Mess- und Automatisierungstechnik

ITG INFORMATIONSTECHNISCHE
GESELLSCHAFT IM VDE

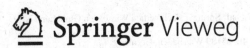

Herausgeber
Herwig Unger
Lehrstuhl für Kommunikationsnetze
FernUniversität in Hagen
Hagen, Deutschland

Marcel Schaible
FernUniversität in Hagen
Aschheim, Deutschland

ISSN 1431-472X
Informatik aktuell
ISBN 978-3-658-37750-2   ISBN 978-3-658-37751-9   (eBook)
https://doi.org/10.1007/978-3-658-37751-9

Die Deutsche Nationalbibliothek verzeichnet diese Publikation in der Deutschen Nationalbibliografie;
detaillierte bibliografische Daten sind im Internet über http://dnb.d-nb.de abrufbar.

Planung: David Imgrund
Springer Vieweg ist ein Imprint der eingetragenen Gesellschaft Springer Fachmedien Wiesbaden GmbH und ist
ein Teil von Springer Nature.
Die Anschrift der Gesellschaft ist: Abraham-Lincoln-Str. 46, 65189 Wiesbaden, Germany

Vorwort

Die 42. Tagung aus der Echtzeit-Reihe des gleichnamigen Fachausschusses der GI fand im Jahr 2 der Covid-19-Pandemie zum Beginn der 4. Welle statt: mit viel Optimismus und Hoffnung haben sich die Organisatoren zunächst zu einer Präsenz- dann zu einer Hybridveranstaltung entschlossen, um die wichtigen persönlichen Kontakte nicht ganz abreißen zu lassen. An dieser Stelle sei dem auf Grund der Umstände neu gewählten Tagungshotel, dem Rheinhotel Bellevue in Boppard, gedankt, das neben einem angenehmen Flair auch eine vorbildliche Umsetzung der notwendigen Hygienevorschriften und damit ein sicheres Gefühl für alle Präsenzteilnehmer bot. Ein großes Danke geht an dieser Stelle auch an Erik Deussen, der mit viel Aufwand durch eine perfekte technische Unterstützung die Atmosphäre der Tagung und die Möglichkeit zur Mitdiskussion auch zu den Online-Teilnehmern auf den Bildschirm nach Hause oder ins Büro brachte. Alle Organisatoren hoffen, daß es uns so gelungen ist, das teilweise Fehlen persönlicher Kontakte, langer Diskussionen bei einem Glas Wein in unserem Stammweinhaus „Heilig Grab" mit allen Kollegen bestmöglich zu kompensieren und so allen viele Inspirationen für die eigene Arbeit und neue gemeinsame Projekte zu geben.

„Tradition und Zukunft" könnte ein weiteres Leitmotiv dieser Tagung unter dem Unterthema „Echtzeitkommunikation" sein, bei der zwei Forschergenerationen aufeinandertrafen und die damit auch den notwendigen kontinuierlichen Generationswechsel im Fachausschuß unterstreicht.

Denn Eröffnungsvortrag hielt Günter Hommel, der auch das diesjährige, neu berufene Ehrenmitglied des Fachausschusses ist. Sein Vortrag „Real-Time Systems Through the Ages" zeigte Entwicklungen über einen Zeitraum von fast 50 Jahren und damit dem Beginn der Entwicklung von PEARL bis heute auf und verband und illustrierte damit Vergangenheit und Gegenwart auf eindrückliche und anschauliche Art und Weise mit großen Projekten aus seiner Karriere.

Mit den Preisträgern des studentischen Wettbewerbes, Frau Gsänger, Frau Hemp und Herrn Beck, kamen als Kontrast im Anschluß die jüngsten Forscher auf dem Gebiet der Echtzeit mit der Vorstellung der Abschlußarbeiten ihrer Studien zu Wort: nicht zuletzt eine Demonstration, wie wichtig dem Fachausschuß die Gewinnung von Nachwuchs ist.

Das folgende reguläre Tagungsprogramm und damit die folgenden Abschnitte des vorliegenden Buches sind ganz dem aktuellen Thema der Kommunikation in Echtzeitsystemen gewidmet, ein Aufgabenbereich, der mit einer immer stärker werdenden Verteilung von Produktions- und Verarbeitungssystemen zunehmend an Bedeutung gewinnt. Dies trifft auf weltweite Finanzsysteme mit Themen rund um eCoins und Transaktionssysteme ebenso zu wie auf die (Bluetooth-) Kommunikation im Nah- und Innenbereich oder aber selbst die Ein- und Ausgabe von Daten an den entsprechenden Interfaces. Systemlösungen gewinnen vor allem im automobilen Bereich zunehmend an Bedeutung, sei es in der Car-to-Car Kommunikation als auch dem Datenaustausch innerhalb eines in sich geschlossenen Systems. Hardwarebeschleunigung, Fehlertoleranz und echtzeitfähige Kommunikationskanäle bilden hier die Kernthemen der Beiträge. An vielen Stellen ist es a priori heutzutage schwer, die richtigen Design- und Entscheidungskriterien aus einer Vielzahl von Optionen zu bestimmen. Dies trifft auf die (zeitabhängige) Bildung von Meinungsbildern und Stimmungen in Online-Diskussionsforen ebenso zu wie auf das Finden einer richtigen Reaktion in Abhängigkeit von komplexen, nicht explizit angebbaren Parameterverlaufskurven. Beobachten und maschinelles bzw. maschinenunterstütztes Lernen vor allem aber unter dem Aspekt der Zeitoptimierung sind hierbei gängige, weiter zu entwickelnde Lösungsansätze, die zu mannigfaltigen Diskussionen führen.

Der vorliegende Tagungsband markiert einen Wendepunkt in der Geschichte der Tagung und des Fachausschusses. Dem vielfachen Wunsch der Teilnehmer soll der nächste Band -trotz einer weiterhin deutschsprachigen Durchführung der Tagung- in englischer Sprache bei Springer erscheinen: wir versprechen uns damit eine bessere, gerade internationale Sichtbarkeit und eine weitere Verbreitung unserer immer wichtiger werdenden Ergebnisse im Bereich der Echtzeitsysteme sowie damit vielleicht auch einen breiteren Teilnehmerkreis für unsere nächste Tagung am 10. und 11. November 2022 wiederum im Rheinhotel in Boppard.

Iserlohn und München im Februar 2022

Herwig Unger
Marcel Schaible

Inhaltsverzeichnis

Eröffnungsvortrag und Preisträger

Echtzeitkommunikation

Systemlösungen

Echtzeitkommunikation und Lernen

„Real-Time Systems Through the Ages"

Günter Hommel

Technische Universität Berlin
`guenter.hommel@tu-berlin.de`

Berichtet wird über Arbeiten im Bereich der Echtzeitsysteme, die der Autor in verschiedenen Unternehmen und Universitäten durchgeführt hat. Nach ersten Erfahrungen mit Programmiersprachen wie ALGOL 60, FORTRAN, PL/I, ALGOL 68 und CDL als Anwender, begann er mit Forschungsarbeiten im Compilerbau, die auch zu seiner Dissertation führten. Aufgrund dieser Arbeiten und an der TU Berlin durchgeführter Lehrveranstaltungen zur Informatik-Grundausbildung erhielt er das Angebot von Prof. Koster, sich an Entwurf und Implementierung einer neuen Familie von Programmiersprachen (SLAN) zu beteiligen. Er wurde der Leiter eines DFG-Projekts, das sich speziell mit der Programmiersprache ELAN beschäftigte, die auf die Informatik-Grundausbildung im Schul- und Universitätsbereich ausgerichtet war. ELAN wurde bis in die späten 1980er Jahre in den Informatik-Lehrveranstaltungen der TU Berlin eingesetzt.

Aufgrund seiner umfangreichen Erfahrungen bei der Beschaffung von Hardware und der Konstruktion von Software wurde der Autor vom Präsidenten der TU Berlin zum Vorsitzenden der zentralen Rechenanlagenkommission ernannt. Die Kommission war für die Genehmigung der Beschaffung und Erweiterung aller zentralen Rechenanlagen (CDC 6500, IBM 370/158, PDP 10) aber auch für die in den frühen siebziger Jahren auf den Markt kommenden Kleinrechner für Echtzeitanwendungen zuständig. Aufgrund der hohen Kosten für Hintergrundspeicher übernahm er federführend die Planung und Realisierung eines Prozessrechnerverbundsystems. Dieses wurde als sternförmig gekoppeltes, verteiltes System realisiert, das mit großer Plattenkapazität auf dem Zentralrechner und plattenlosen Prozessrechnern mit spezieller Prozessperipherie ausgestattet war. Die Programmentwicklung und Datenhaltung der Echtzeitprogramme erfolgte zentral. Die dort kompilierten Programme wurden über das Netz auf die Prozessrechner geladen. Das System war ab Mitte der 1970er Jahre einsatzfähig.

Mit diesen Erfahrungen wurde für den Autor eine Stelle am Kernforschungszentrum Karlsruhe interessant, wo er ab 1978 verantwortlich wurde für Softwaretechnologie im Projekt Prozesslenkung mit DV-Anlagen (PDV). Hier übernahm er u.a. die Leitung mehrerer Arbeitskreise. Der PEARL-Arbeitskreis (AK 4.2.1 „PEARL" im VDI/VDE-GMR) war zuständig für die Erarbeitung der Sprachdefinition von PEARL. Hierbei beeinflusste er maßgeblich die formale Beschreibung der Sprache Full PEARL bis zur ersten Normung im DIN 1982. Die Beschreibung der Vornorm der Sprache Basic PEARL, eine Untermenge von Full PEARL wurde auf Konsistenz untersucht. Der Arbeitskreis beschäftigte sich dann mit der Weiterentwicklung der Norm zu Mehrrechner-PEARL. Er leitete den Arbeitskreis bis zur Fertigstellung dieser Sprachbeschreibung 1985, die dann beim DIN zur Normung (erfolgte 1989) eingereicht wurde. Einen zweiten von ihm geleite-

Springer Fachmedien Wiesbaden GmbH, ein Teil von Springer Nature 2022
H. Unger und M. Schaible (Hrsg.), *Echtzeit 2021*, Informatik aktuell,
https://doi.org/10.1007/978-3-658-37751-9_1

ter Arbeitskreis „Systematische Entwicklung von PDV-Systemen", brachte er als AK 4.2.2 in die VDI/VDE-GMR und als Fachgruppe 4.4.1 in die GI ein. Der Arbeitskreis diente dem Austausch von Erfahrungen in laufenden Entwicklungsvorhaben auf dem Gebiet der Verfahren und Hilfsmittel zur Spezifikation und zum Entwurf von PDV-Systemen. Publiziert wurde ein Vergleich verschiedener Methoden am Beispiel einer Paketverteilanlage. Diese Fachgruppe wurde 1983 in die GI-Fachgruppe Requirements Engineering übergeleitet.

Einen großen Umfang nahmen Arbeiten im Bereich der Modellierung und Analyse fehlertoleranter, verteilter Echtzeitsysteme ein. Insbesondere wurden Deterministische und Stochastische Petri Netze untersucht, wobei der zugrundeliegende Prozess nicht notwendigerweise ein Markow-Prozess sein muss. Es wurde u.a. ein umfangreiches Softwarepaket entwickelt, das die Analyse solcher Netze erlaubt (TimeNET). Der Autor war der Sprecher zweier Graduiertenkollegs, die über 18 Jahre von der DFG u.a. zu diesem Thema gefördert wurden. Diese Arbeiten führten zu zahlreichen Dissertationen und Habilitationen. Der andere große Forschungsbereich war die Robotik. Hierbei wurden wesentliche Fortschritte in den Bereichen Roboterkinematik, Roboterprogrammiersprachen, wissensbasierte Echtzeitplanung, autonome Servicerobotik, Gestenerkennung, Roboterchirurgie und Exoskelette für Bein und Hand erzielt. Bei der Teilnahme am Wettbewerb für autonom fliegende Roboter in den USA gewann die TU Berlin 1995 auf Anhieb den zweiten Preis und dann 2000 den ersten Preis. Aufgrund des großen internationalen Erfolgs konnten erhebliche Fördermittel von der DFG und für zwei besonders erfolgreiche EU-Projekte (COMETS 2002-2005, AWARE 2006-2009) eingeworben werden. Im zweiten Projekt konnte der weltweit erste Flug mit drei gekoppelten Hubschraubern zum Transport einer schweren Last 2007 gezeigt werden, was ebenfalls zu vielen Dissertationen und Habilitationen führte.

Aufgrund der eigenen Forschungstätigkeiten im Grenzbereich zwischen Informatik und Elektrotechnik führte der Autor einen Studiengang Technische Informatik ein, der seit WS 1991/92 an der TUB mit großem Erfolg läuft.

Der Autor war auch maßgeblich am Aufbau und der Durchführung einer intensiven Kooperation mit der Shanghai Jiaotong Universität (SJTU) beteiligt. Die SJTU gehört zu den besten drei chinesischen Universitäten im Bereich der Informatik. Die TU Berlin war die erste deutsche Universität, die ein formales Kooperationsabkommen mit einer chinesischen Universität unterzeichnete. Der Autor war der erste Professor der TU Berlin, der dort 1987 im Rahmen einer Kurzzeitdozentur zum Thema Robotik Vorlesungen mit Förderung des DAAD gehalten hat. Seit 1990 wird regelmäßig eine Serie internationaler Workshops mit der SJTU durchgeführt, auf denen aktuelle Forschungsergebnisse ausgetauscht werden. Seit 2003 gibt es ein Doppeldiplomabkommen im Studiengang Informatik zwischen beiden Universitäten, das von beiden Seiten sehr gut angenommen wurde. Daher wurde es auf Technische Informatik, Elektrotechnik, Elektronik und Automatisierungstechnik erweitert. Im Jahr 2004 wurde der Autor zum „Advisory Professor" an der SJTU ernannt. Das gemeinsame „Research Lab for Information and Communication Technology" in Shanghai wurde 2005 eingerichtet und der Autor bis zu seiner Emeritierung zu dessen Direktor berufen.

Dynamische Migrationsentscheidungen in Multicore-Systemen

Helene Gsänger

Lehrstuhl für Betriebssysteme
Universität Erlangen-Nürnberg
gsaenger@cs.fau.de

Zusammenfassung. Viele Echtzeit-Schedulingalgorithmen für Multi-
coresysteme lassen Taskmigration zwischen verschiedenen Kernen zu.
Das kann zwar die Planbarkeit verbessern, führt aber auch zu Migrationsoverhead, der statisch schwer vorhersehbar ist und potentiell hoch
sein kann.
Um diesen Overhead zu reduzieren gibt es verschiedene Ansätze, unter anderem die statische Identifikation von Migrationspunkten mit vergleichsweise geringem Migrationsoverhead. Diese Punkte können von einem semipartitionierten Schedulingalgorithmus bei der Aufteilung migrierender Tasks verwendet werden, sodass diese zur Laufzeit immer am
statisch gewählten Migrationspunkt migrieren.
Diese Einschränkung reduziert zwar den Migrationsoverhead, verhindert
aber eine Vermeidung von Migration bei günstigen Laufzeiten. Um dieses
Problem zu umgehen, werden im Folgenden Algorithmen für die dynamische Auswahl von Migrationspunkten präsentiert, die, abhängig von
Laufzeitinformationen, den spätestmöglichen Migrationspunkt auswäh-
len, sodass Taskmigration bei günstigen Laufzeiten vermieden wird.
Diese Algorithmen sind auf alle semipartitionierten Algorithmen anwendbar, die statische Migrationspunkte verwenden, ohne dabei die Planbarkeit von Tasksets zu beeinträchtigen. Auch bei Berücksichtigung des
Overheads, der durch dynamische Migrationsentscheidungen verursacht
wird, wird durch theoretische Analyse und Zeitmessungen gezeigt, dass
für jeden Teil eines migrierenden Tasks nur ein konstanter, geringer Overhead mit eingerechnet werden muss.

1   Motivation

Mit der Durchsetzung von Multicore-Architekturen gewinnen Schedulingalgorithmen für mehrere Kerne auch im Echtzeitbereich an Relevanz [2]. Um die
vorhandenen Kerne effektiver ausnutzen zu können, lassen viele Algorithmen zu,
dass Tasks zwischen Kernen migrieren [4]. Allerdings führt Taskmigration zu
Cache-Misses, was je nach Cache-Architektur einen potentiell hohen Overhead
verursachen kann [3]. Zur Verringerung dieses Effekts gibt es verschiedene Strategien, unter anderem den Ansatz von Klaus et al. [7], in dem statisch Migrationspunkte mit geringem Migrationsoverhead definiert werden. Da in diesem
Ansatz bereits vor Laufzeit ein Migrationspunkt festgelegt wird, ist es später

auch bei günstigen Laufzeiten nicht möglich, Taskmigration zu verschieben oder zu vermeiden.

Um Taskmigration bei günstigen Laufzeiten trotzdem zu vermeiden, werden im Folgenden Algorithmen für dynamische Migrationsentscheidungen präsentiert, die Informationen über tatsächliche Laufzeiten ausnutzen, um Migration, falls möglich, zu vermeiden. Diese Algorithmen werden im Folgenden präsentiert, und ihre Auswirkungen auf die Planbarkeit analysiert.

2   Hintergrund

Die später vorgestellten Algorithmen basieren auf dem Ansatz von Klaus et al. [7], in dem Migrationspunkte definiert werden, die im semipartitionierten Scheduling verwendet werden können. Semipartitioniertes Scheduling beschreibt eine Gruppe von Schedulingalgorithmen, die eingeschränkte Taskmigration zulassen [1]. Dabei wird zunächst in einer statischen Partitionierungsphase jedem Task ein Kern zugewiesen, wobei einzelne Tasks, falls nötig, auch auf mehrere Kerne aufgeteilt werden können. Diese aufgeteilten Tasks migrieren zur Laufzeit zwischen ihren zugeordneten Kernen.

Erlaubt ein Algorithmus Taskmigration an beliebigen Punkten während der Ausführung eines Jobs, verbessert das zwar die Planbarkeit, führt aber auch zu Overhead, der schwer vorhersagbar ist und potentiell hoch sein kann [3] [6]. Um diesen Migrationsoverhead zu begrenzen, wird im Ansatz von Klaus et al. Migration eingeschränkt auf eine Menge von statisch identifizierten Migrationspunkten. Diese Punkte werden so gewählt, dass der Migrationsoverhead an dieser Stelle gering ist, und die zwischen den Punkten entstehenden Abschnitte eine ähnliche *worst-case execution time (WCET)* haben [7]. Aus diesen Migrationspunkten kann ein Partitionierungsalgorithmus anschließend einen Punkt wählen, an dem ein migrierender Task statisch aufgeteilt wird und zur Laufzeit migriert.

3   Architektur

Ziel dynamischer Migrationsentscheidungen ist es, zur Laufzeit den spätestmöglichen Migrationspunkt auszuwählen, sodass Taskmigration falls möglich verhindert wird. Dafür werden mehrere Algorithmen vorgestellt, die auf alle semipartitionierten Schedulingalgorithmen anwendbar sind, die auch für statisch festgelegte Migrationspunkte funktionieren. Wie später gezeigt wird, wird die Planbarkeit von Tasksets dabei nicht beeinträchtigt.

Migrationsentscheidungen für Task τ_i greifen dabei auf Informationen über die bisherigen Laufzeiten des aktuellen Jobs zurück, sind aber unabhängig von Laufzeitinformationen anderer Tasks. Die Notation, mit die verwendeten Informationen dargestellt werden, wird im Folgenden vorgestellt.

3.1   Notation

Dynamische Migrationsentscheidungen können auf verschiedene Informationen zurückgreifen, die in Abbildung 1 dargestellt sind.

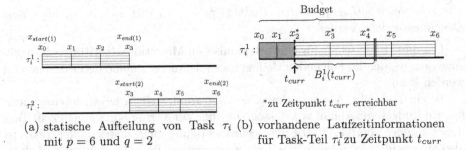

(a) statische Aufteilung von Task τ_i (b) vorhandene Laufzeitinformationen
   mit $p = 6$ und $q = 2$ für Task-Teil τ_i^1 zu Zeitpunkt t_{curr}

Abb. 1. Für dynamische Migrationsentscheidungen zur Verfügung stehende Informationen

Statisch bekannt ist dabei die Aufteilung eines Tasks τ_i in p Abschnitte und q Task-Teile, wie in Abbildung 1(a) dargestellt. Die Abschnitte werden von Migrationspunkten x_0 bis x_p definiert, wobei die WCET $WCET(x_j, x_k)$ zwischen Migrationspunkten x_j und $x_k \geq x_j$ bekannt ist. Die minimale und maximale Abschnitts-WCET eines Tasks τ_i werden als $cMin_i$ bzw. $cMax_i$ notiert. In Fällen, in denen bereits abgearbeitete Abschnitte ignoriert werden, bezeichnet $cMax_i(m)$ die maximale WCET aller Abschnitte nach Migrationspunkt x_m.

Die gegebenen Migrationspunkte werden vom Partitionierungsalgorithmus für die Aufteilung eines Tasks τ_i in q Task-Teile τ_i^l genutzt. Die statisch definierten Start- und Endpunkte eines Task-Teils werden dabei als $x_{start(l)}$ und $x_{end(l)}$ notiert. Zur Laufzeit, wenn sich die Zuweisung von Abschnitten durch dynamische Migrationsentscheidungen ändern kann, beziehen sich $x_{start(l)}$ und $x_{end(l)}$ dabei immer noch auf die statisch definierten Punkte, während τ_i^l alle Abschnitte beinhaltet, die zur Laufzeit auf dem τ_i^l zugewiesenen Kern ausgeführt werden, unabhängig von deren statischen Zuteilung.

In der Partitionierungsphase wird jedem Task-Teil τ_i^l ein Budget B_i^l zugewiesen, das zur Laufzeit eingehalten werden muss. Dies erfordert Erreichbarkeitsprüfungen von Migrationspunkten. Dabei gilt x_j bei Zeitpunkt t als *erreichbar*, wenn die bis x_j benötigte WCET das bei t verbleibende Budget $B_i^l(t)$ nicht überschreitet, wie in Abbildung 1(b) dargestellt. Einmal erreichbare Migrationspunkte bleiben dabei bis zum Ende des aktuellen Jobs erreichbar, während nicht erreichbare Migrationspunkte später erreichbar werden können.

3.2 Anforderungen an Planbarkeit

Da später gezeigt werden soll, dass die vorgestellten dynamischen Migrationsalgorithmen die Planbarkeit nicht beeinträchtigen, wird die gewünschte Eigenschaft hier zunächst definiert.

Definition 1. *Sei M ein Algorithmus für dynamische Migrationsentscheidungen. M ist genau dann* planbarkeitserhaltend, *wenn für alle semipartitionierten Scheduling-Algorithmen A mit statisch festgelegten Migrationspunkten gilt: Auf*

alle erfolgreich mit A geplanten Tasksets τ lässt sich M anwenden, ohne dass Deadlines verletzt werden.

Um diese Eigenschaft für einen dynamischen Migrationsalgorithmus M nachzuweisen, werden im Folgenden Bedingungen definiert, anhand derer dies gezeigt werden kann.

Ist ein Taskset τ_i A-planbar mit fixer Migration, stellt A jedem Job das spezifizierte Budget vor Ablauf von dessen Deadline zur Verfügung, solange kein Task dieses Budget überschreitet. Eine Beeinträchtigung nicht-migrierender Tasks ist also ausgeschlossen, solange alle Teile migrierender Tasks ihr Budget einhalten. Da damit die Jobs aller migrierenden Task-Teile ihr Budget ebenfalls vor Ablauf nutzen können, ist eine rechtzeitige Fertigstellung eines migrierenden Tasks τ_i garantiert, wenn dessen Endpunkt x_p spätestens von Task-Teil τ_i^q erreicht wird.

Ein Erreichen von x_p unter der Einhaltung der Budgets ist aber nur garantiert, wenn jeder Task-Teil τ_i^l mindestens $x_{end(l)}$ erreicht. Anderenfalls startet der nächste Task-Teil τ_i^{l+1} bei einem Migrationspunkt $x_j < x_{start(l+1)}$, sodass die WCET bis $x_{end(l+1)}$ größer ist als statisch eingeplant, und somit ein Erreichen von $x_{end(l+1)}$ durch τ_i^{l+1} nicht mehr garantiert werden kann. Per Induktion ist damit auch ein Erreichen von $x_p = x_{end(q)}$ durch τ_i^q nicht mehr sichergestellt.

Da ein Erreichen aller $x_{end(l)}$ durch den jeweils zugehörigen Task-Teil τ_i^l auch das Erreichen von x_p durch $x_{end(q)}$ impliziert, ist ein dynamischer Migrationsalgorithmus immer planbarkeitserhaltend, wenn er die folgenden zwei Bedingungen erfüllt.

(S1) jeder Task-Teil τ_i^l hält das zugewiesene Budget ein
(S2) jeder Task-Teil τ_i^l erreicht seinen statisch zugewiesenen Endpunkt $x_{end(l)}$

Bedingung (S2) kann auch bei der Konstruktion eines Algorithmus benutzt werden. Solange beide Bedingungen später verifiziert werden können, können dynamische Migrationsentscheidungen $x_{end(l)}$ für jeden Task-Teil τ_i^l implizit als erreichbar annehmen.

3.3 Algorithmen

Um Taskmigration zu verzögern, muss die Erreichbarkeit von Migrationspunkten zur Laufzeit geprüft werden. Dies erfordert Zugriff auf Betriebssystemdaten wie beispielsweise Ausführungszeiten, was bei Systemen mit Trennung zwischen Userspace und Betriebssystem einen deutlichen Overhead verursachen kann.

Um diesen Overhead gering zu halten, wird versucht, Migrationsentscheidungen an möglichst wenigen Punkten zu treffen. Ein solcher Punkt, an dem Migrationsentscheidungen getroffen werden, wird im Folgenden als *Evaluationspunkt* bezeichnet. Alle Migrationspunkte, die keine Evaluationspunkte sind, werden ohne weitere Prüfung übersprungen.

Evaluationspunkte können auf verschiedene Weise definiert werden. Im Folgenden wird zunächst der dynamische Migrationsalgorithmus A_{dyn} präsentiert, der Evaluationspunkte als Punkte im Code definiert. Eine optimierte Variante davon wird später mit Algorithmus A_{opt} vorgestellt, der zusätzlich Evaluationspunkte als Zeitpunkte definiert.

A_{dyn}: Evaluationspunkte als Punkte im Code Algorithmus A_{dyn} definiert einen Evaluationspunkt als spätestmöglichen Punkt im Code, an dem Migrationsentscheidungen getroffen werden können, ohne zu Budgetüberschreitungen zu führen. Damit kann ein Evaluationspunkt x_{eval} definiert werden als der letzte zum aktuellen Zeitpunkt t_{curr} erreichbare Migrationspunkt.

$$x_{eval} := \max \left\{ x_j \mid WCET(x_{curr}, x_j) \leq B_i^l(t_{curr}) \right\} \tag{1}$$

Wird Task-Teil τ_i^l also auf seinem zugewiesenen Kern gestartet, wird x_{eval} entsprechend Definition 1 initialisiert, und τ_i^l bis dahin ausgeführt. An diesem Punkt sind mehr Laufzeitinformationen vorhanden, sodass ggf. weitere Migrationspunkte erreichbar sind. In diesem Fall wird ein weiterer Evaluationspunkt x_{eval} gesetzt, anderenfalls migriert der Task am aktuellen Migrationspunkt.

Theorem 1. *Algorithmus A_{dyn} ist planbarkeitserhaltend*

Beweis. Bedingung (S1) ist erfüllt, da kein Task-Teil länger ausgeführt wird als bis zum letzten Evaluationspunkt x_{eval}, der per Definition erreichbar ist.

Für Bedingung (S2) wird zunächst ein Task-Teil τ_i^l betrachtet, der bei $x_j \geq x_{start(l)}$ startet. Da das statisch für τ_i^l allokierte Budget die WCET von $x_{start(l)}$ bis $x_{end(l)}$ beinhalten muss, ist $x_{end(l)}$ initial erreichbar. Da x_{eval} das Maximum aller erreichbaren Punkte ist, gilt $x_{eval} \geq x_{end(l)}$, sodass $x_{end(l)}$ von τ_i^l erreicht wird, und der nächste Task-Teil τ_i^{l+1} bei einem Migrationspunkt $x_{j'} \geq x_{start(l+1)}$ startet. Da der erste Task-Teil τ_i^1 bei $x_0 = x_{start(1)}$ startet, ist Bedingung (S2) per Induktion erfüllt.

Die Anzahl der Evaluationspunkte, die von Task-Teil τ_i^l benötigt wird, hängt vom Laufzeitverhalten von τ_i^l ab und wird in meiner Masterarbeit ausführlicher analysiert [5]. Benötigen alle Abschnitte das a-fache ihrer WCET mit $0 < a \leq 1$, verringert sich das verbleibende Budget mit jedem erreichten Evaluationspunkt auf das ungefähr $(1 - a)$-fache, bis kein weiterer Evaluationspunkt mehr gesetzt werden kann. Dies ist der Fall, wenn das verbleibende Budget kleiner ist als die nächste Abschnitts-WCET. Die Anzahl der von τ_i^l benötigten Evaluationspunkte ist damit logarithmisch, abhängig von a und der Anzahl der von τ_i^l abgearbeiteten Abschnitte.

Der Aufwand pro Evaluationspunkt wird dabei von der Suche nach x_{eval} bestimmt. Dafür können verschiedene Suchalgorithmen verwendet werden, wie beispielsweise binäre Suche oder andere Suchalgorithmen mit logarithmischem Aufwand, die ebenfalls in [5] genauer diskutiert werden.

A_{opt}: Zusätzliche Evaluationspunkte als Zeitpunkte Gerade bei kürzeren Laufzeiten lässt sich bei Algorithmus A_{dyn} beobachten, dass Evaluationspunkte zu wesentlich früheren Zeitpunkten erreicht werden als erwartet, sodass dadurch unnötig viele Evaluationspunkte definiert werden.

Um das zu verhindern, wird in einer optimierten Variante A_{opt} der erste Evaluationspunkt t_{eval} als Punkt in der Ausführungszeit des aktuellen Task-Teils definiert. Dabei muss sicher gestellt werden, das zum Zeitpunkt t_{eval} noch genügend Budget vorhanden ist, um den aktuellen Abschnitt zu beenden. Da bei der Berechnung von t_{eval} die Position im Code zu diesem Zeitpunkt nicht bekannt ist, wird das bei t_{eval} benötigte Budget abgeschätzt durch die maximale WCET aller relevanten Abschnitte. Als relevant gelten dabei alle Abschnitte, die in einem potentiell nicht erreichbaren Migrationspunkt enden. Um dabei aufwändige Erreichbarkeitsprüfungen zu vermeiden, wird auf vorhandenes Wissen zurückgegriffen. Da sowohl $x_{end(l)}$ als auch der aktuelle Migrationspunkt x_{curr} als erreichbar bekannt sind, lässt sich t_{eval} folgendermaßen berechnen:

$$m := \max\left(x_{curr}, x_{end(l)}\right) \tag{2}$$

$$t_{eval} := B_i^l - cMax_i(m) \tag{3}$$

Ist t_{eval} erreicht, wird der nächste Evaluationspunkt x_{eval} als Punkt im Code gesetzt. Da sich die Ausführung zu diesem Zeitpunkt zwischen zwei Migrationspunkten befindet, sind exakte Erreichbarkeitsprüfungen bei t_{eval} nicht möglich. Stattdessen wird auch hier eine Heuristik verwendet, die auf vorhandenes Wissen zurückgreift. Da der nächste Migrationspunkt x_{next} nach Definition von t_{eval} zu diesem Zeitpunkt erreichbar ist, und $x_{end(l)}$ immer als erreichbar angenommen wird, ist x_{eval} mit der folgenden Definition ebenfalls erreichbar.

$$x_{eval} := \max(x_{next}, x_{end(l)}) \tag{4}$$

Wenn x_{eval} erreicht ist, wird fortgefahren wie in Algorithmus A_{dyn}.

Theorem 2. *Algorithmus A_{opt} ist planbarkeitserhaltend.*

Beweis. Zunächst kann Bedingung (S1) gezeigt werden. Aufgrund der Definition von t_{eval} ist x_{next} zum Zeitpunkt t_{eval} erreichbar. Da $x_{end(l)}$ ebenfalls erreichbar ist, ist sichergestellt, dass $x_{eval} = \max(x_{next}, x_{end(l)})$ innerhalb des Budgets erreicht wird. Migriert der Task beim ersten x_{eval}, wird das Budget also eingehalten. Werden stattdessen weitere Evaluationspunkte definiert, sind diese ebenfalls immer erreichbar, wie bereits für Algorithmus A_{dyn} gezeigt wurde.

Bedingung (S2) ist erfüllt, da kein Task-Teil τ_i^l migrieren kann, bevor der erste x_{eval} erreicht ist, und per Definition 4 gilt $x_{eval} \geq x_{end(l)}$

Im Vergleich zu Algorithmus A_{dyn} ist das verbleibende Budget an allen x_{eval} maximal $cMax_i$. Das verringert die Anzahl weiterer Evaluationspunkte und vereinfacht die Suche nach dem nächsten x_{eval}. Da durch das beschränkte Budget maximal $\left\lceil \frac{cMax_i}{cMin_i} \right\rceil$ weitere Migrationspunkte erreichbar sind, ist bei Verwendung von linearer Suche die Anzahl an Schleifeniterationen ebenfalls beschränkt und relativ gering. Gerade bei ähnlichen Abschnitts-WCETs verhält sich lineare Suche hier günstiger als binäre Suche, da binäre Suche nach der Prüfung eines unerreichbaren Migrationspunktes nicht abgebrochen werden kann.

4 Overheadanalyse

In den bisherigen Betrachtungen der Planbarkeit wurde der Overhead, der durch dynamische Migrationsentscheidungen verursacht wird, ignoriert. Da dieser Overhead in einem realistischen Anwendungsfall aber durchaus relevant ist, wird er im Folgenden analysiert.

Neben kleineren Verwaltungsoperationen wie dem Protokollieren des aktuellen Abschnitts oder dem Überspringen von Migrationspunkten, wird der Overhead hauptsächlich an Evaluationspunkten verursacht. Da deren Anzahl und Aufwand stark vom Laufzeitverhalten des Tasks abhängen, werden die folgenden Betrachtungen eingeschränkt auf Fälle, die für den jeweiligen Zweck relevant sind. Als relevante Zwecke werden hier die Zuweisung von Budget bei der statischen Einplanung, sowie Erreichbarkeitsprüfungen bei dynamischen Migrationsentscheidungen betrachtet. Der Overhead, der dafür eingerechnet werden muss, wird im Folgenden für beide Zwecke analysiert.

4.1 Overhead für statische Einplanung

In der Partitionierungsphase eines semipartitionierten Schedulingalgorithmus wird allen Tasks ein Budget zugewiesen. Das Budget aufgeteilter Tasks muss dabei auch Zeit für dynamische Migrationsentscheidungen enthalten. Hierbei ist es ausreichend, wenn sicher gestellt wird, dass jeder Task-Teil τ_i^l seinen statisch zugewiesenen Endpunkt $x_{end(l)}$ innerhalb des Budgets erreichen kann. Werden spätere Migrationspunkte gewählt, wird die Einhaltung des Budgets bereits von dynamischen Migrationsentscheidungen sicher gestellt. Die folgende Analyse beschränkt sich also auf den Fall, in dem jeder Task-Teil an seinem zugewiesenen Endpunkt migriert.

A_{dyn} Für die Anzahl an Evaluationspunkten kann das Verhalten des Algorithmus im relevanten Fall betrachtet werden. Wenn τ_i^l startet, wird zunächst x_{eval} berechnet. Aus dem relevanten Fall ergibt sich dabei, dass $x_{end(l)+1}$ unerreichbar ist. Da $x_{end(l)}$ immer erreichbar ist, wird dieser Punkt als x_{eval} gewählt. Wenn $x_{eval} = x_{end(l)}$ erreicht ist, ergibt sich ebenfalls aus dem relevanten Fall, dass der Task sofort migriert, ohne einen weiteren Evaluationspunkt zu setzen. Damit müssen also genau zwei Evaluationspunkte eingerechnet werden.

Der Aufwand pro Evaluationspunkt wird durch die Suche nach dem nächsten x_{eval} bestimmt. Diese hat im Allgemeinen zwar keinen konstanten Aufwand, lässt sich jedoch auf den relevanten Fall optimieren. Da an beiden betrachteten Evaluationspunkten $x_{end(l)+1}$ unerreichbar ist, und $x_{end(l)}$ als erreichbar bekannt ist, kann dem eigentlichen Suchalgorithmus eine Erreichbarkeitsprüfung von $x_{end(l)+1}$ vorangestellt werden, sodass im relevanten Fall $x_{end(l)}$ ohne weitere Suche als nächster Evaluationspunkt identifiziert wird.

Da hiermit sowohl die Anzahl der Evaluationspunkte als auch der Aufwand pro Evaluationspunkt konstant sind, muss für A_{dyn} also nur eine konstante Zeit zum Budget jedes Task-Teils addiert werden.

A_{opt} Hier kann ebenfalls das Verhalten im relevanten Fall analysiert werden. Beim Start von τ_i^l auf dessen Kern wird initial t_{eval} berechnet, und später x_{eval} gesetzt. Da im relevanten Fall bei $x_{end(l)}$ migriert wird, und x_{eval} nach Definition

4 mindestens $x_{end(l)}$ ist, gilt hier $x_{eval} = x_{end(l)}$. Dem entsprechend migriert der Task im relevanten Fall bei x_{eval}, ohne weitere Evaluationspunkte zu setzen.

Der Aufwand ist dabei an jedem Evaluationspunkt konstant. Mit statisch berechneten Werten $cMax_i(m)$ für alle $m \in \{0, \dots, p-1\}$ benötigen sowohl die initiale Berechnung von t_{eval} als auch die Berechnung des ersten x_{eval} nur konstanten Aufwand, während der konstante Aufwand bei x_{eval} bereits für Algorithmus A_{dyn} gezeigt wurde.

Damit muss auch für diesen Algorithmus für jeden Task-Teil nur ein konstanter Overhead berücksichtigt werden.

4.2 Overhead für dynamische Migrationsentscheidungen

Auch von dynamischen Migrationsentscheidungen muss der zusätzliche Aufwand mit eingerechnet werden. Da hier auch Fälle berücksichtigt werden müssen, in denen an Migrationspunkten $x_j \neq x_{end(l)}$ migriert wird, sind die vorherigen Ergebnisse nicht ohne Weiteres übertragbar. Der genaue Overhead für die einzelnen Algorithmen wird in [5] genauer diskutiert, insgesamt ist der einzurechnende Aufwand jedoch, abhängig vom verwendeten Suchalgorithmus, entweder konstant, oder in der praktischen Anwendung durch eine ausreichend hohe Konstante abschätzbar.

5   Zeitmessungen

Um das tatsächliche Ausmaß des theoretisch analysierten Overheads einschätzen zu können, wurde der verursachte Overhead gemessen. Dafür wurden die vorgestellten Algorithmen auf einem Raspberry Pi v2 Model B implementiert, basierend auf dem FreeRTOS-Port piRTOS [1]. Hier ist zu beachten, dass Betriebssystem und Userspace in der vermessenen Implementierung nicht voneinander getrennt sind, sodass der Aufwand pro Evaluationspunkt relativ gering ausfällt.

5.1   In Budgets zu berücksichtigender Overhead

Um die Beeinträchtigung der Planbarkeit einschätzen zu können, wurde zunächst gemessen, wie viel zusätzlicher Overhead in das Budget jedes Teil-Tasks eingerechnet werden muss. Entsprechend der theoretischen Analyse werden dafür Jobs von Task-Teilen gemessen, die an ihren jeweiligen statisch definierten Endpunkten migrieren. Dabei wurde die Zeit gemessen, die an initialem sowie letztem Evaluationspunkt benötigt wurde, sowie für Algorithmus A_{opt} die Zeit bei t_{eval}.

Von diesen Ergebnissen wurden jeweils die maximalen gemessenen Werte addiert, um den einzurechnenden Gesamtoverhead abzuschätzen. Wie in Tabelle 1 zu sehen, liegt dieser bei unter 2,8 µs für A_{dyn}, und bei unter 3,3 µs für A_{opt}. Wie im vorherigen Abschnitt diskutiert, muss dieser Wert für jeden Task-Teil eingerechnet werden, unabhängig von Task-Parametern oder der Anzahl der Abschnitte, sodass mit den gegebenen Werten die Planbarkeit eines Tasksets in keinem relevanten Ausmaß beeinträchtigt werden sollte.

---

[1] https://github.com/JarvisAPI/Pi-RTOS

Tabelle 1. Overhead in ns

	A_{dyn}			A_{opt}		
	max	avg	stdev	max	avg	stdev
Start	2015,00	283,92	56,23	2103,33	314,20	56,66
End	706,67	312,43	14,77	613,33	181,64	13,73
t_{eval}				488,33	145,33	10,87
Sum	2721,67	596,35		3204,99	641,17	

5.2 Overhead zur Laufzeit

Neben dem statisch zu berücksichtigenden Overhead wurde der Overhead gemessen, der sich im allgemeinen Fall durch Evaluationspunkte ergibt. Messungen wurden ausgeführt für einen Task, der in vier Task-Teile aufgeteilt wurde, die jeweils 1000 Abschnitte enthalten mit $\frac{cMax}{cMin} = 9$. Wie in Abbildung 2 zu sehen ist, wurde der Overhead gemessen abhängig vom Verhältnis der tatsächlichen Laufzeiten zu den Abschnitts-WCETs.

Dabei wurden zunächst die benötigten Evaluationspunkte für jeden Task-Teil gezählt, wie in Abbildung 2(a) dargestellt. Wenn alle Abschnitte mit ihrer vollen WCET laufen, verhält sich A_{dyn} zwar günstiger, jedoch steigt die Anzahl der Evaluationspunkte bei kürzeren Laufzeiten deutlich. In allen anderen Fällen benötigt Algorithmus A_{opt} dagegen wesentlich weniger Evaluationspunkte, mit schwächerer Abhängigkeit von Abschnitts-Laufzeiten.

Die Anzahl der Evaluationspunkte wirkt sich auch auf den Overhead aus, der in Abbildung 2(b) dargestellt ist. Hier fällt der Unterschied zwischen beiden Algorithmen sogar noch deutlicher aus, da Algorithmus A_{dyn} durch die aufwändigere Suche auch pro Evaluationspunkt mehr Zeit benötigt.

6 Fazit

In diesem Beitrag wurden zwei Algorithmen für dynamische Migrationsentscheidungen präsentiert. Ausgehend von semipartitioniertem Scheduling mit statisch festgelegten Migrationspunkten wählen diese Algorithmen, abhängig von Laufzeitinformationen, den spätestmöglichen Migrationspunkt aus, um so nach Möglichkeit Taskmigration zu verhindern.

Um zu zeigen, dass dynamische Migrationsentscheidungen die Planbarkeit von Tasksystemen nicht beeinträchtigen, wurden Bedingungen definiert, anhand derer bewiesen werden konnte, dass beide vorgestellten Algorithmen planbarkeitserhaltend sind.

Der von dynamischen Migrationsentscheidungen verursachte Overhead wurde theoretisch analysiert und gemessen. Der Overhead, der dabei vom Partitionierungsalgorithmus berücksichtigt werden muss, ist für jeden Teil-Task konstant und gering, sodass die Planbarkeit von Tasksets auch unter Einbeziehung des Overheads nicht relevant beeinträchtigt wird.

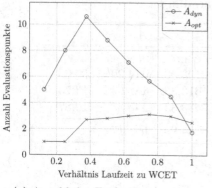
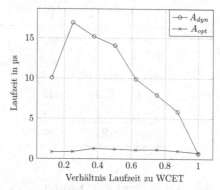

(a) Anzahl der Evaluationspunkte

(b) Von Evaluationspunkten verursachter Overhead

Abb. 2. Anzahl und Aufwand der Evaluationspunkte, abhängig vom Verhältnis von Laufzeiten zu WCETs

Literaturverzeichnis

1. J. H. Anderson, V. Bud, und U. C. Devi: An EDF-based scheduling algorithm for multiprocessor soft real-time systems, *17. Euromicro Conference on Real-Time Systems (ECRTS'05)*, Seiten 199–208, 2005
2. S. Baruah, M. Bertogna und G. Buttazzo: *Multiprocessor Scheduling for Real-Time Systems*. Springer Publishing Company, Incorporated, 2015
3. A. Bastoni, B. Brandenburg und James Anderson: Cache-related preemption and migration delays: Empirical approximation and impact on schedulability. *OSPERT*, pages 33–44, 01 2010
4. A. Bastoni, B. B. Brandenburg und J. H. Anderson: Is Semi-Partitioned Scheduling Practical? In *2011 23. Euromicro Conference on Real-Time Systems*, pages 125–135, 2011
5. H. Gsänger: Dynamic Migration Decisions in Multicore Systems Masterarbeit, Friedrich-Alexander-Universität Erlangen-Nürnberg (FAU), 2020. URN: urn:nbn:de:bvb:29-opus4-170247.
6. D. Hardy und I. Puaut: Estimation of Cache Related Migration Delays for Multi-Core Processors with Shared Instruction Caches, *17. International Conference on Real-Time and Network Systems*, Seiten 45–54, Paris, France, October 2009
7. T. Klaus, P. Ulbrich, P. Raffeck, B. Frank, L. Wernet, M. Ritter von Onciul und W. Schröder-Preikschat: Boosting Job-Level Migration by Static Analysis, *Proceedings of the 15. Annual Workshop on Operating Systems Platforms for Embedded Real-Time Applications*, Seiten 17–22, Dresden, 2019

Ausführungszeit und Stromverbrauch von Inferenzen künstlicher neuronaler Netze auf einem Tensorprozessor

Judith Hemp

Dr. Schenk GmbH - Industriemesstechnik
lucifer.hemp@alumni.fau.de

Zusammenfassung. Die jüngsten Fortschritte bei hardwarebasierten Beschleunigern für Machine Learning – insbesondere für Deep Learning – ermöglichen durch hohe Spezialisierung den Einsatz solcher Methoden auch auf resourcenbeschränkten Plattformen mit Anspruch auf eine deterministische Ausführung. Zu solchen gehören unter anderem eingebettete und Echtzeit-Systeme, die in der Regel hohen Anforderungen in Hinblick auf ihr Energie- und Laufzeitverhalten genügen müssen. Beim Design von Deep Neural Networks für solche Plattformen ist das Wissen über den Ressourcenbedarf für die Ausführung von Machine-Learning-Workloads damit von entscheidender Bedeutung. Diese Arbeit stellt einen Ansatz sowie eine praktische Implementierung vor mit dem Ziel, die Ausführungszeit und den Stromverbrauch von Convolutional Neural Networks und Fully Connected Neural Networks mit Hilfe von Vorhersagemodellen abschätzen zu können. Die Auswertung geschieht dabei auf einer handelsüblichen, eingebetteten Beschleunigerhardware für die Ausführung von Deep Neural Networks (hier: Google Coral Edge TPU).

1 Einführung

In den letzten Jahren hat sich Künstliche Intelligenz (KI), insbesondere Deep Learning (DL), zu einem wichtigen Thema für Industrie und Wissenschaft entwickelt [9]. Durch die überragende Performance von DL Techniken wie zum Beispiel die von Convolutional Neural Network (CNN) in der Bildverarbeitung [12, 16], haben sowohl große Unternehmen wie Google als auch viele neue Start-ups begonnen, spezielle Hardware für die Beschleunigung solcher Anwendungen zu entwickeln [6]. Dazu gehören die sogenannten Tensor Processing Units (TPUs), die seit 2016 in Googles Rechenzentren Einsatz finden [10] und bereits in der ersten Version 15 bis 30× schneller, 30 bis 80× energieeffizienter und per Design deterministischer waren als die zuvor verwendete General-Purpose Hardware [11]. Dieser ersten Version folgten einige weitere Modelle, die 2018 in der Entwicklung der Edge Tensor Processing Unit (ETPU) mündeten – einer TPU die im Gegensatz zu ihren Vorläufermodellen auf eingebettete Systeme ausgelegt ist [8].

Dieser kommerziell motivierte Trend wird begleitet von einer beträchtliche Zunahme wissenschaftlicher Veröffentlichungen, die sich mit dem Thema DL beschäftigen. Einen besonderen Anstoß erhielt die entsprechende Forschung im Jahr 2012, als das CNN AlexNet mit einer überragenden Klassifikationsleistung den ersten Platz während der sogenannten Large Scale Visual Recognition Challenge belegte [16]. In den darauf folgenden Jahren stieg die Anzahl von Publikationen mit Stichwörtern zum Thema DL im Titel sichtbar an, wie in Abbildung 1 zu sehen.

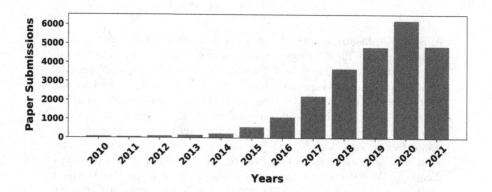

Abb. 1. Anzahl Wissenschaftlicher Abhandlungen mit den Stichwörtern 'deep learning' oder 'neural network' im Titel. Zahlen stammen von Arxiv.org [4]. Das entsprechende Script zum generieren der Graphik ist auf Github [7] verfügbar.

Zusätzlich gibt es immer mehr eingebettete und mobile Geräte, die durch KI-Anwendungen verbessert werden. Xu et al. [20] sprechen sogar von einer „deep learning explosion for smartphones". Eine solche ML-gestützte Anwendung ist zum Beispiel Apples FaceID [2], die es Nutzern ermöglicht, ihre Smartphones oder Tablets mit ihrem Gesicht zu entsperren. Diese Entwicklung wird noch befeuert durch die wachsende Anzahl an Smartphones, die Schätzungen zufolge von 3.7 (Anfang 2016) auf 6.4 Milliarden (Anfang 2021) angewachsen ist [13].

Mobile Plattformen wie Smartphones müssen während der Interaktion mit ihrer Umwelt oft zeitliche Rahmenbedingungen einhalten, wobei sie über wenig Rechenleistung, Speicherplatz und Energieversorgung verfügen im Vergleich zu Desktop-Rechnern oder Rechenzentren. Doch gerade DL-Anwendungen sind oft ressourcenhungrig anspruchsvoll in Hinblick auf zeitliche Rahmenbedingungen [19]. Bisher überwiegend ausgelegt auf den Einsatz in Rechenzentren oder auf Desktop-Rechnern müssen Neural Networks (NN) nun auch für den Einsatz auf (interaktiven) Plattformen mit limitierten Ressourcen entwickelt werden [21]. Aus diesem Grund wird eine zunehmende Anzahl von Spezialhardware für die schnelle und effiziente Ausführung von Deep Neural Networks (DNNs) – so genannte Hardware-Beschleuniger oder „Accelerators" – entwickelt, von denen viele auf eingebettete und mobile Systeme ausgelegt sind [9, 21]. Indem sie mit NNs betrieben werden, die speziell für eine solche Plattform entwickelt wurden, können Hardware-Beschleuniger noch besser genutzt werden [18, 21], weshalb den Entwicklern von DNNs ein sorgfältiges Hardware-Software-Codesign aufgebürdet wird [17].

Um dies zu vereinfachen, beschäftigt sich diese Arbeit damit, wie man insbesondere den Leistungsbedarf und die Laufzeit der Inferenzphase eines NNs vorhersagen kann, welches auf einer eingebetteten Beschleuniger-Hardware ausgeführt wird. Im Folgenden ist ein Ansatz beschrieben, mit dem Ressourcen-Vorhersagemodelle – sogenannte Prediction Models (PMs) – erzeugt und trainiert werden können.

2   Methodik

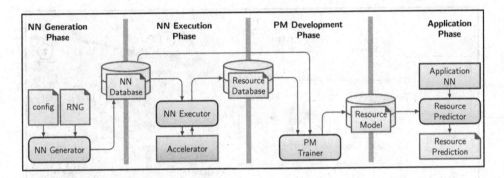

Abb. 2. Die Entwicklung von PMs besteht aus 4 Phasen [14].

Mit Hilfe von PMs kann einerseits vor dem Kauf einer bestimmten Hardwareplattform geprüft werden, ob diese die Anforderungen einer bereits entwickelten Anwendung erfüllt. Andererseits können DNNs in Hinblick auf ihren Ressourcenverbrauch während der Entwurfsphase für eine bestimmte Hardware optimiert werden. Das Ziel eines solchen Modells ist es, für ein gegebenes DNN und für einen gegebenen DL-Beschleuniger die Zeit und den Energiebedarf einer einzelnen Inferenz vorherzusagen. Als Vertreter der modernen, für den Einsatz in Eingebetteten Systemen ausgelegten Hardware-Beschleuniger dient der USB-Accelerator von Google Coral, der eine ETPU enthält [5]. Im Folgenden wird besagter USB-Accelerator mit „Accelerator" oder mit ETPU abgekürzt.

Der im Folgenden beschriebene Ansatz zur Entwicklung von Ressourcen-Modellen besteht aus vier Phasen. Zu Beginn werden in der Generierungsphase zufällige NNs erzeugt, die entweder nur aus Dense- (auch „Fully Connected") oder nur aus 2D-Convolutional-Layern bestehen. Letztere implementieren jeweils 3 Filter mit der Dimension (3,3). Für diese Untersuchung wurden 2992 homogene Netzwerke erzeugt, d.h., dass die Struktur der Layer (wie z.B. die Dimension) innerhalb eines Netzwerks konstant ist. In einem zweiten Schritt werden die so erzeugten Netzwerke während der Ausführungsphase auf der ETPU ausgeführt, während die Leistungsaufnahme und Ausführungszeit der Inferenzphase gemessen wird. Als Ergebnis der ersten beiden Phasen liegt ein Datenset mit Informationen sowohl bezüglich der Architektur der Netzwerke („Features") als auch bezüglich ihres Ressourcenbedarfs („Labels") vor. In der Trainingsphase werden mit Hilfe dieses Datensets Machine Learning (ML) basierte PMs trainiert, die die statisch verfügbaren Eigenschaften eines NNs (wie z.B. die Anzahl und Dimension seiner Layer) auf ihren Ressourcenbedarf abbilden. In der abschließenden Applikationsphase können die trainierten Modelle angewendet werden, um den Ressourcenbedarf eines NNs bereits bei der Entwicklung abzuschätzen. Abbildung 2 stellt dieses mehrstufige Vorgehen schematisch dar.

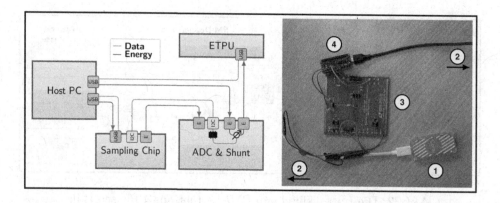

Abb. 3. Links: Darstellung der Systemkomponenten des Messaufbaus [14]. Rechts: Photo des Messaufbaus mit 1=ETPU, 2=Host PC, 3=ADC & Shunt und 4=Sampling Chip. Dabei ist der Messwiderstand bzw. Shunt rot eingekreist.

Der Messaufbau Im Zuge der Ausführungsphase wird der Zeit- und Leistungsbedarf einer Ausführung auf dem Hardware-Beschleuniger gemessen. Der verwendete USB-Accelerator kann, wie der Name suggeriert, per USB an ein geeignetes Host-System (hier: ein Laptop[1] mit Ubuntu 20.04 LTS) angeschlossen und gesteuert werden. Dabei kann das Host-System mit Hilfe einer auf modernen Systemen verfügbaren Echtzeituhr den Zeitbedarf selber messen. Im Falle des Leistungsbedarfs ist jedoch ein zusätzlicher Messaufbau von Nöten, welcher in Abbildung 3 abgebildet ist. Der Accelerator („ETPU") wird von einem Host-System betrieben, an das er mittels eines USB-C Kabels angeschlossen wird. Dieses Kabel wird aufgeschnitten, um seine Stromversorgung über eine externe Messplatine umleiten zu können, die einen Messwiderstand („Shunt") und einen Analog/Digital Converter (ADC) enthält (hier: ein LTC2991 Board [1]). Ein zusätzlicher Microcontroller („Sampling-Chip") dient als Vermittler zwischen der

---

[1] Modellnummer N551JK-CN167H

Messplatine und dem Host System, indem er die Leistungsmesswerte abfragt, aggregiert und über eine USB-2.0 Verbindung übermittelt.

Insgesamt ermöglicht dieser Aufbau – empirisch ermittelt – ungefähr 250 Messungen mit nW- Auflösung pro Sekunde, die das Host-System über eine Serielle Schnittstelle abfragen kann. Auf diese Weise kann der Ressourcenverbrauch einer Ausführung gemessen und, wie beispielsweise in Abbildung 4, graphisch aufgearbeitet werden.

Die Messergebnisse

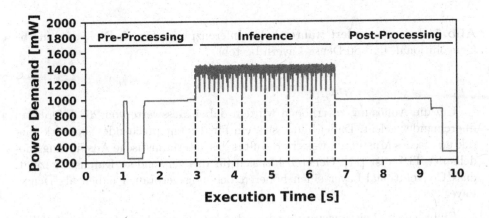

Abb. 4. Leistungskurve eines NNs mit 101 Convolutional-Layern [14].

Abbildung 4 zeigt den Leistungsbedarf einer NN Ausführung auf dem Accelerator in Relation zu der benötigten Zeit. Der Graph weist eine Vor- und eine Nachverarbeitungsphase auf, die die Hauptverarbeitungsphase – 6 konsekutiv ausgeführte Inferenzen – begleiten. Die einzelnen Inferenzen sind jeweils durch gestrichelte Linien voneinander abgegrenzt. Für die weitere Betrachtung ist nur die Inferenzphase von Bedeutung, da sowohl der Pre- als auch der Post-Processing-Schritt weitestgehend[2] unabhängig von dem jeweils ausgeführten Netzwerk sind. Während der Inferenzen verbraucht der Accelerator auch die meiste Energie, abhängig von der Art seiner Layer. Abbildung 5 zeigt nur die Inferenzphase eines zu Demonstrationszwecken erstellten Netzes, was den Leistungsbedarf von Convolutional- mit dem von Dense-Layern vergleicht.

---

[2] Es gibt eine Korrelationen zwischen der Größe des Netzwerks und der Ausführungszeit des Preprocessings, welche vermutlich auf die Latenz des Host Systems bei der Verarbeitung des Netzwerks zurückzuführen ist. Hier steht allerdings der größere Einfluss der Inferenzphase im Vordergrund.

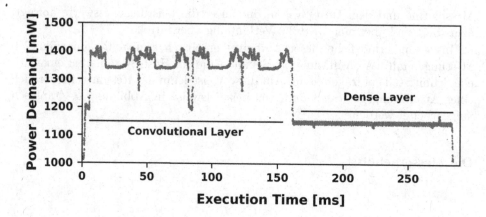

Abb. 5. Leistungsbedarf während der Inferenzphase für ein NN, das aus 68 Convolutional- und 80 Dense-Layern besteht.

Um die Auflösung zu erhöhen wurden dabei Messwerte von 266 Inferenzen übereinander gelegt. Dabei bildet sich ein für das entsprechende Netzwerk charakteristisches Muster ab, was ein Resultat des deterministische Ausführungsmodells der TPUs ist [11]. Generell hat sich für das verwendete Dataset gezeigt, dass Convolutional-Layer einen höheren Leistungsverbrauch haben als Dense-Layer.

Einbrüche im Leistungsverbrauch sind dabei auf eine bedarfsorientierte USB-Kommunikation zwischen Accelerator und Host zurückzuführen. Diese ist zum Beispiel immer dann nötig, wenn Netzwerke zu groß sind, um in den on-chip-Speicher des Accelerators (hier: $\approx 8\,\text{MB}$ [5]) zu passen oder bei großen Input- bzw. Output-Dimensionen. Dies bedeutet, dass Teile des Netzwerkes zur Laufzeit vom Host über die USB Verbindung zum Accelerator vom „off-chip"-Speicher gestreamt werden müssen. Der Ressourcenverbrauch wird im Folgenden exemplarisch für Netzwerke mit Dense-Layern dargestellt. Die entsprechenden Ressourcen-Graphiken für Convolutional-NNs können in Veröffentlichung [14] nachgeschlagen werden.

Abbildung 6 zeigt den durchschnittlichen Leistungsbedarf einer Inferenz für die Dense-NNs des verfügbaren Datasets, ermittelt durch das arithmetische Mittel mehrerer Inferenzen (mindestens 30 Sekunden Ausführungszeit pro Netzwerk). Für Netzwerke, die in den on-chip-Speicher des Accelerators passen, steigt der Leistungsbedarf mit der Größe des Executables stetig an. Sobald ein Teil des Netzwerkes jedoch dynamisch zur Laufzeit gestreamt werden muss, sinkt die Auslastung der Recheneinheiten des Accelerators, während er auf den nächsten Funktionsblock wartet. Dieses Phänomen führt zu einem sichtbaren Leistungseinbruch zwischen 8 und 10 MB und zu einem wesentlich gemäßigteren Anstieg des Leistungsverbrauchs danach.

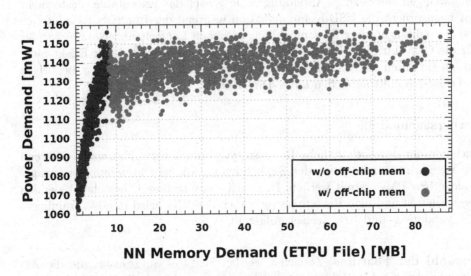

Abb. 6. Der Leistungsbedarf einer Inferenz für Dense-NNs entweder mit oder ohne off-chip-Speicherbedarf.

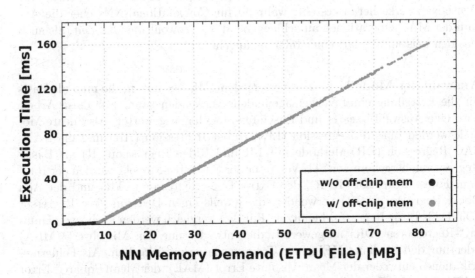

Abb. 7. Die Ausführungszeit einer Inferenz für Dense-NNs entweder mit oder ohne off-chip-Speicherbedarf

Einen ähnlich deutlichen Einfluss des Streamens auf den Ressourcenverbrauch der jeweiligen Netze zeigt Abbildung 7. Je größer das Executable, desto mehr Zeit beansprucht die USB-Kommunikation während der Inferenz. Es zeigt sich also ein nahezu linearer Zusammenhang zwischen Laufzeit und Netzwerkgröße. Für die Convolutional-NNs des verwendeten Datasets tritt dieser Effekt nicht auf, da sie durch die Verwendung von Filtern weniger Speicherplatz benötigen als Dense-NNs mit ähnlichen Layer-Dimensionen.

Vorhersagemodelle

Nachdem der durchschnittliche Ressourcenverbrauch eines Netzwerks während der Ausführung ermittelt worden ist, können mit diesen Daten nun Vorhersage-modelle bzw PMs erstellt werden. Das verfügbare Dataset, bestehend aus den Eigenschaften und dem Ressourcenverbrauch der NNs, wird in 80% Trainings-, 10% Validation- und 10% Testset aufgeteilt.

Auswahl der Features Zunächst werden Features ausgesucht, die die Architektur des NNs in Zahlen beschreiben. Dazu gehören die Anzahl und Dimension der Layer, die Anzahl der Parameter und „Multiply and ACcumulate (MAC)"-Operationen und die Größe des Netzwerkes in B, wobei sowohl der on-chip- als auch der off-chip-Speicherbedarf separat verwendet werden. Für die Dense-Netze, deren Speicherbedarf den verfügbaren Speicher auf der ETPU übersteigt ist der off-chip-Speicherbedarf ein aussagekräftiges Feature. Für das untersuchte Dataset hat sich der Speicherplatzbedarf als gutes Feature für Dense-Netzwerke herausgestellt, während für Convolutional-NNs eher die Anzahl der MAC-Operationen ausschlaggebend ist – sowohl was den Zeit, als auch was den Leistungsbedarf einer Inferenz angeht.

Auswahl der Modelle Es gibt verschiedene ML-Techniken, die man als Basis für die Erstellung eines Vorhersagemodells verwenden kann. Für diese Arbeit wird eine Auswahl linearer und Ensemble-Modelle ausgewertet. Als lineare Modelle werden Lineare Regression (LR), Huber Regression (HR) und die RANSAC Regression (RR)-Methode mit LR und Ridge Regression (R) als Basis-Regressoren hergenommen. Als Vertreter der Ensemble-Modelle werden der Random Forest Regressor (RFR), der Extra Trees Regressor (ETR) und der Ada Boost Regressor (ABR) verwendet, die jeweils einen Decision Tree Regressor (DTR) als Basis-Regressor benutzen. Für den Vergleich werden auch zwei „Dummy"-Regressoren (DR) ausgewertet, die entweder nur den Mittelwert (MEA) oder nur den Median (MED) der Trainingsdaten zurückgeben. Als Fehlermetrik dienen entweder der Mean Absolute Error (MAE), der Mean Squared Error (MSE) oder der Friedman Mean Squared Error (FMSE).

Setzen der Hyperparameter Die meisten ML basierten Modelle verfügen über eine Ansammlung von sogenannten „Hyperparametern", die nicht gelernt, sondern explizit vor dem Training gesetzt werden müssen. Für die Auswertung werden diese mittels einer Technik namens Randomized Parameter Optimization (RPO) bestimmt, die randomisiert eine gute Auswahl an Parametern ermittelt. Dabei werden Modelle des selben Typs mit verschiedene Parameterkonfigurationen auf dem Trainingsset antrainiert und mit Hilfe des Validationsets und der jeweiligen Fehlermetrik verglichen.

Training der Modelle Danach erst werden die so konfigurierten Modelle mit dem Trainingssets trainiert. Dabei werden jeweils für beide Ressourcen – Laufzeit und Leistungsbedarf – und für Convolutional- sowie für Dense-NNs mit und ohne off-chip-Speicherbedarf eigene Modelle mit RPO konfiguriert und trainiert.

Evaluation der Modelle Die Bewertung der trainierten Modelle geschieht mittels des Mean Absolute Percentage Error (MAPE) und des Testssets. Für die Auswertung wird jeweils das Modell mit dem geringsten Fehler für den Zeit- und Leistungsbedarf als Vorhersagemodell verwendet. Im Folgenden werden die Ergebnisse einer konkreten Implementierung dieses Ansatzes beschrieben.

Auswertung

Abbildung 8 vergleicht die Vorhersagegenauigkeit der verschiedenen Modelle mittels des MAPE, der den absoluten Fehler einer Vorhersage ins Verhältnis zur Größe des tatsächlichen Messwertes setzt.

Einige Modelle eignen sich sichtbar weniger zur Vorhersage als andere. Wie zu erwarten sind die Dummy-Regressoren, welche unabhängig vom Input einen konstanten Wert zurückgeben, eher schlecht zur Vorhersage des Ressourcenbedarfs einer Inferenz geeignet. Insbesondere das Zeitverhalten, das wie in Abbildung 7 zu sehen einen fast linearen Anstieg aufweist, können sie nur schlecht abbilden. Aber auch der ABR schlägt sich in sämtlichen Varianten eher schlecht, was aber vermutlich an einer nicht ausreichenden Konfiguration seiner Hyperparameter liegt. Abgesehen von Dense-NNs ohne off-chip-Speicherbedarf, deren Ressourcenbedarf sich generell gut vorhersagen lässt, schneiden die linearen Modelle schlechter ab als die flexibleren Ensemble-Modelle. Generell gibt es keinen einzigen überragenden Regressor, da die Ensemble-Modelle (abgesehen vom ABR) und der ebenfalls nicht lineare DTR eine ähnliche Genauigkeit erreichen. Betrachtet man nur das jeweils beste Modell, lässt sich der Leistungsbedarf aller untersuchten Netzwerktypen mit einem MAPE von ca. 0.55% vorhersagen. Der Zeitbedarf von Dense-NNs ohne lässt sich etwas besser als der mit off-chip-Speicherbedarf vorhersagen (0.43% vs. 1.16%). Mit einem MAPE von 1.32% lässt sich der Zeitbedarf von Convolutional-NNs im Vergleich am schlechtesten aber immer noch gut vorhersagen. Die MAEs betragen dabei in jedem Fall weniger als 1 ms beziehungsweise 7,2 mW.

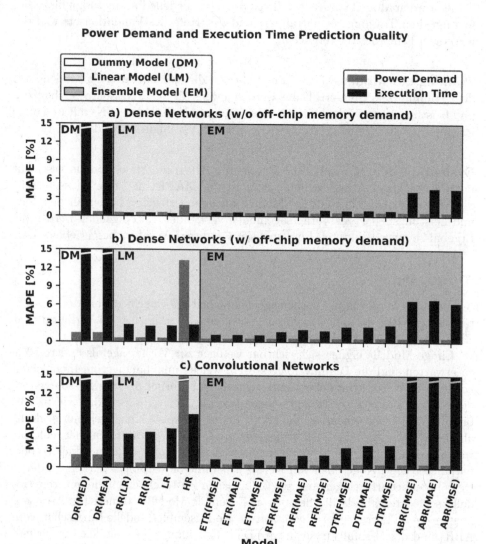

Abb. 8. Vorhersagequalität der verschiedenen Modelle für a) Dense-NNs ohne und b) mit off-chip-Speicherbedarf und c) Convolutional-NNs. Der maximal
abgebildete MAPE beträgt 15% [15].

Zusammenfassung

In dieser Arbeit wurde ein wissenschaftlicher Ansatz beschrieben, der der Entwicklung von Vorhersagemodellen dient. Diese Modelle können beim Design energieeffizienter Neuronaler Netze mit angepasster Laufzeit hilfreich sein, wie sie üblicherweise auf Plattformen mit limitierten Ressourcen Verwendung finden. Dieser Ansatz wurde für ein Datenset mit homogenen Netzwerken, die entweder nur aus Dense- oder nur aus Convolutional-Layern bestehen, und für einen USB-Accelerator mit integrierter ETPU als Vertreter moderner, eingebetteter Beschleuniger-Hardware implementiert. Mittels herkömmlicher, ML basierter Vorhersagemodelle ließ sich sowohl die Ausführungszeit als auch der Leistungsbedarf einer Inferenz mit einem geringen relativen Fehler ($\leq 1.32\%$) vorhersagen. Weiterführende Informationen sind in [14] und [15] zu finden.

Literaturverzeichnis

1. Analog Devices: https://www.analog.com/en/products/ltc2991.html, letzter Aufruf am 29.10.2021
2. Apple Inc.: https://support.apple.com/en-us/HT208108, letzter Aufruf am 29.10.2021
3. J. Chen und X. Ran: Deep Learning With Edge Computing: A Review, Proceedings of the IEEE, 2019
4. Cornell University: http://www.arxiv.org/, letzter Aufruf am 29.10.2021
5. Google LLC: https://coral.ai/products/, letzter Aufruf am 29.10.2021
6. T. S. Fiez, M. Hershenson, L. Sanders und C. Ashcraft: Innovation, Startups, and Funding in the Age of Accelerations: A Survey of the Evolving Landscape, IEEE Solid-State Circuits Magazine, 2017
7. J. Hemp: github.com/Inesteem/ArxivAdvancedSearchPlotter, letzter Aufruf am 29.10.2021
8. A. Hobbs: https://internetofbusiness.com/google-next-2018-how-google-edge-tpu-is-transforming-quality-assurance-at-lg/, letzter Aufruf am 29.10.2021
9. A. Ignatov, R. Timofte, A. Kulik, S.-s. Yang, K. Wang, F. Baum, M. Wu, L. Xu und L. Van Gool: AI Benchmark: All About Deep Learning on Smartphones in 2019, IEEE/CVF International Conference on Computer Vision Workshop (ICCVW), 2019
10. N. Jouppi: https://cloud.google.com/blog/products/ai-machine-learning/google-supercharges-machine-learning-tasks-with-custom-chip, letzter Aufruf am 29.10.2021
11. N. Jouppi, et. al.; In-datacenter performance analysis of a tensor processing unit, 44th Annual International Symposium on Computer Architecture (ISCA'17), ACM, 2017
12. A. Krizhevsky, I. Sutskever und G. E. Hinton: ImageNet classification with deep convolutional neural networks, Communications of the ACM, 2012
13. S. O'Dea: https://www.statista.com/statistics/330695/number-of-smartphone-users-worldwide/, letzter Aufruf am 29.10.2021
14. S. Reif, B. Herzog, J. Hemp, T. Hönig und W. Schröder-Preikschat: PRECIOUS: Resource-Demand Estimation for Embedded Neural Network Accelerators, First

International Workshop on Benchmarking Machine Learning Workloads on Emerging Hardware, 2020. `https://www4.cs.fau.de/Publications/2020/reif_20_wobmlwoeh.pdf`, letzter Aufruf am 29.10.2021

15. S. Reif, B. Herzog, J. Hemp, T. Hönig und W. Schröder-Preikschat: Poster: AI Waste Prevention: Time and Power Estimation for Edge Tensor Processing Units Proceedings of the Twelfth ACM International Conference on Future Energy Systems (e-Energy 2021), 2021. `http://univis.uni-erlangen.de/prg?search=publications\&id=92120088\&show=elong`, letzter Aufruf am 29.10.2021

16. Stanford Vision Lab: `http://www.image-net.org/challenges/LSVRC/`, letzter Aufruf am 29.10.2021)

17. E. Strubell, A. Ganesh und A. McCallum: Energy and Policy Considerations for Deep Learning in NLP, 57th Annual Meeting of the Association for Computational Linguistics (ACL'19), 2019

18. V. Sze, Y. Chen, T. Yang und J. S. Emer: Proceedings of the IEEE, Efficient Processing of Deep Neural Networks: A Tutorial and Survey, 2017

19. S. Voghoei, N. H. Tonekaboni, J. G. Wallace und H. R. Arabnia: Deep Learning at the Edge, 2019

20. M. Xu, J. Liu, Y. Liu, F. Lin, Y. Liu und X. Liu: A First Look at Deep Learning Apps on Smartphones, WWW '19: The World Wide Web Conference,2019

21. C. Yiran, X. Yuan, S. Linghao, C. Fan und T. Tianqi: A Survey of Accelerator Architectures for Deep Neural Networks, Engineering, 2020

Dynamic Vision-Sensoren zur Texturklassifikation in der automatischen Sichtprüfung

Moritz Beck[1] und Georg Maier[1]

Fraunhofer IOSB
Fraunhoferstraße 1, 76131 Karlsruhe
moritz.beck@mrb-beck.de | georg.maier@iosb.fraunhofer.de

Zusammenfassung. Dynamic Vision Sensoren (DVS) unterscheiden sich von herkömmlichen Kameras darin, dass nur die Intensitätsänderungen einzelner Pixel wahrgenommen und als asynchrone Events übertragen werden. Es entsteht kein gesamtes Intensitätsbild. Die Technologie verspricht unter anderem eine hohe zeitliche Auflösung, geringe Latenzzeiten und Datenraten. Während derartige Sensoren derzeit viel wissenschaftliche Aufmerksamkeit genießen, gibt es nur wenige Veröffentlichungen, die ihren Erfolg in der Praxis belegen. Ein Anwendungsbereich, der bisher kaum betrachtet wurde, aber aufgrund seiner besonderen Eigenschaften besonders für den Einsatz von DVS erscheint, ist die automatische Sichtprüfung. In dieser Arbeit werden bestehende Event-basierte Algorithmen evaluiert, auf das neue Anwendungsgebiet angepasst und erprobt. Darüber hinaus wird ein algorithmischer Ansatz präsentiert, der auf Basis von Events das optimale Zeitfenster für eine Objektklassifizierung bestimmt. Zur Evaluierung der Methoden werden zwei neue Datensätze generiert, die typische Szenarien der automatischen Sichtprüfung abdecken, wie beispielsweise die Klassifizierung von texturierten Objekten auf einem Förderband und im freien Fall. Die Ergebnisse zeigen, dass die Zeitfensteroptimierung die Korrektklassifizierungsrate bestehender Algorithmen deutlich erhöht. Darüber hinaus wird aufgezeigt, dass DVS aufgrund ihrer intrinsischen Eigenschaften neue Möglichkeiten im Bereich der automatischen Sichtprüfung bieten.

1 Einleitung und Grundprinzip von Dynamic Vision-Sensoren

Anders als konventionelle Bildsensoren nehmen Event-basierte Sensoren nur die Intensitätsänderungen einer Szene wahr. Die einzelnen Pixel des Sensors arbeiten dabei unabhängig voneinander und generieren asynchron ein Event, sobald die Intensitätsänderung einen vorgegebenen Schwellwert überschreitet. Abbildung 1 verdeutlicht den wesentlichen Unterschied zwischen Frame- und Event-basierten Kameras.

Das Sensorprinzip liefert eine hohe zeitliche Auflösung im Bereich von Mikrosekunden und eine geringe Latenz. Redundante Informationen, wie beispielsweise statische Bildbereiche, werden nicht übertragen, was eine deutliche Reduktion

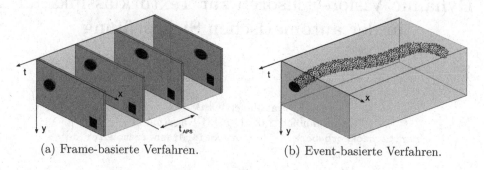

(a) Frame-basierte Verfahren.   (b) Event-basierte Verfahren.

Abb. 1. Unterschied zwischen Frame- und Event-basierten Verfahren.

der Datenmenge ermöglicht. Wenn keine bewegten Objekte im Bildbereich sind, werden keine Events generiert. Obwohl die theoretischen Vorteile des Sensorprinzips bereits ausführlich diskutiert wurden, sind die Anwendungsbereiche in der Literatur noch nicht klar erkennbar. In bisherigen Arbeiten werden DVS hauptsächlich im Bereich des autonomen Fahrens, der Überwachung und der Gestenerkennung untersucht. Außerdem wurde kürzlich gezeigt, dass die Stärke des Konzepts besonders in dünn besetzten Szenen zum Tragen kommt [9].

Anwendungen in der automatischen Sichtprüfung sind häufig durch eine stark kontrollierte Umgebung gekennzeichnet. Dies wiederum ermöglicht die Realisierung von Verarbeitungspipelines, in denen sich das Potenzial von DVS voll entfalten kann. Bei dünn besetzten Szenen könnte diese Technologie beispielsweise die Verarbeitungsgeschwindigkeit deutlich erhöhen.

Der Beitrag dieser Arbeit lässt sich im Wesentlichen in drei Teile gliedern. Zuerst werden bestehende Klassifikationsalgorithmen von DVS evaluiert, hinsichtlich ihrer Anwendbarkeit auf die automatische Sichtprüfung bewertet und in eine modulare Verarbeitungspipeline integriert. Im zweiten Teil wird ein neuartiger Algorithmus vorgestellt, der allgegenwärtige Herausforderungen der automatischen Sichtprüfung, wie beispielsweise Objektrotationen, adressiert. Anhand der Verarbeitungspipeline wird gezeigt, dass durch die Integration dieses Ansatzes die Korrektklassifizierungsrate verbessert werden kann. Im letzten Teil der Arbeit werden zwei neue Event-basierte Datensätze vorgestellt, die zwei herausfordernde Szenen der automatischen Sichtprüfung zeigen. Die Datensätze dienen zur Evaluation der Verarbeitungspipeline und als Einstieg für weitere Forschungen in diesem Anwendungsgebiet.

2   Verwandte Arbeiten

Im Bezug auf die maschinelle Bildverarbeitung mit DVS ist vor allem die Bilderzeugung, Vorverarbeitung, Filterung und Klassifikation von essentieller Bedeutung. Aufgrund des fundamental unterschiedlichen Prinzips und Datenformats sind konventionelle Methoden der Bildverarbeitung nicht anwendbar. Im Folgenden werden verwandte Arbeiten beleuchtet, die Verarbeitungsalgorithmen für DVS beinhalten. Darüber hinaus werden bestehende Datensätze und damit die Anwendungsgebiete der Technologie betrachtet.

2.1 Event-basierte Bildverarbeitung

Ein allgemeiner Überblick zu verfügbaren Kameramodellen wird in [6] gegeben. Aktuelle Ausführungen von DVS erreichen eine Auflösung von 1280×960 Pixeln und bieten eine steigende Bandbreite. Neben den reinen DVS Chips, die eine binäre Abtastung des logarithmischen Intensitätsverlaufs vornehmen [10], hat sich eine weitere Chiptechnologie etabliert. *Dynamic and Active Pixel Vision Sensors* (DAVIS) bieten neben der Eventgenerierung die Möglichkeit, konventionelle Bilder mit einer konstanten Abtastrate aufzunehmen.

Ein wichtiger Bestandteil der Vorverarbeitung von Event-Streams ist die Rauschfilterung. Neben Poisson-verteiltem Hintergrundrauschen [6] treten sogenannte *Hot Pixel* [5] auf, die mit hoher Frequenz ein fehlerhaftes Signal senden. Zur Reduktion der ersten Rauschart haben sich raumzeitliche Korrelationsfilter mit einem zusätzlichen Lernalgorithmus zur Unterdrückung fehlerhafter Pixel durchgesetzt [3].

Um die Information einzelner Events einem Objekt zuordnen zu können, ist ein Event-basierter Detektions- und Trackingalgorithmus notwendig. In der Literatur werden Verfahren vorgestellt, die asynchron bei Eintreffen eines Events die Objektposition aktualisieren [1, 17]. Darüber hinaus gibt es Verfahren, die Events über einen Zeithorizont akkumulieren und auf Basis eines Bewegungsmodells Objekte detektieren und verfolgen [12]. Um dem asynchronen Prinzip von DVS gerecht zu werden, wird in dieser Arbeit mit [1] ein asynchroner Algorithmus gewählt.

Bestehende Algorithmen zur Objektklassifikation können in drei Gruppen eingeteilt werden. Die erste Möglichkeit ist, aus den Events ein Intensitätsbild zu rekonstruieren. Hierbei werden neben der Poisson-Rekonstruktion [6] und komplementären Filtern [15] auch zunehmend datengetriebene Verfahren [14] eingesetzt. Anstatt eine Klassifizierung auf der Grundlage eines rekonstruierten Bildes durchzuführen, gibt es Merkmals-basierte Ansätze, bei denen die Ereignisse zunächst in eine Merkmalskarte umgewandelt werden. Es wurden verschiedene Transformationsregeln vorgeschlagen, um Ereignisse in einen zweidimensionalen Merkmalsraum zu übertragen [2, 16]. Die dritte Gruppe von Klassifizierungsalgorithmen sind Event-basierte Methoden. Informationen werden als zeitliche Impulsfolge dargestellt und durch ein Spiking Neural Network (SNN) weitergegeben. Folglich ist keine Vorverarbeitung der Rohdaten erforderlich. Aufgrund der Nicht-Differenzierbarkeit von Spikes stellt die Entwicklung von Lernalgorithmen eine große Herausforderung dar. In dieser Arbeit wird die Netzwerkarchitektur und der Lernalgorithmus von [11] anhand neuer Datensätze evaluiert.

2.2 Event-basierte Datensätze

Zur Entwicklung und Evaluation datengetriebener Klassifikationsalgorithmen werden Event-basierte Datensätze benötigt. Zu Beginn der Forschung mit DVS wurden vorwiegend bestehende, konventionelle Bilddatensätze auf eine Leinwand projiziert und mit einer DVS in Events transformiert [13]. Dieser Ansatz wurde durch Emulatoren vereinfacht, die einen Eventstream aus einer Sequenz konventioneller Bilder erzeugen, wie beispielsweise in [4]. Darüber hinaus sind auch reale Event-basierte Datensätze entstanden, die jedoch fast ausschließlich Szenen aus dem Bereich des autonomen Fahrens [16], der Robotik oder automatischen Gebäudeüberwachung enthalten. Ein Datensatz für die automatische Sichtprüfung ist noch nicht öffentlich verfügbar, aber unerlässlich, um die Eignung des neuen Sensortyps in diesem Anwendungsbereich zu bewerten. Diese Arbeit verfolgt das Ziel, die Lücke zu schließen und eine vertiefte Forschung in der automatischen Sichtprüfung zu ermöglichen.

3   Implementierung der Verarbeitungspipeline

In dieser Arbeit wird eine modulare Verarbeitungspipeline für die Objektklassifizierung mit DAVIS Kameras implementiert. Ein allgemeiner Überblick über die Verarbeitungsschritte der Pipeline ist in Abbildung 2 zu finden.

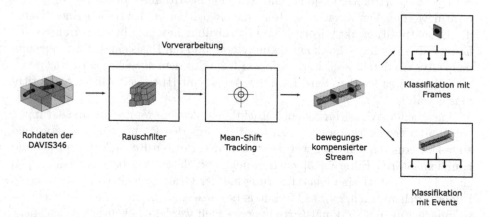

Abb. 2. Gesamtübersicht der Verarbeitungspipeline zur Klassifikation von Modellkörpern.

Das Verfahren ist in zwei Stufen unterteilt. Die erste Stufe umfasst die Vorverarbeitung und die Objektverfolgung. Zunächst werden verrauschte Events aus dem Eventstream herausgefiltert. Dann gruppiert ein Tracking-Algorithmus die Events eines Objekts und verfolgt das Objektzentrum in der Bildebene. Das Ergebnis sind bewegungskompensierte Eventstreams, konventionelle Bilder der DAVIS-Kamera innerhalb einer Region of Interest (ROI) sowie Informationen über die Position und Geschwindigkeit des Objekts. In der zweiten Stufe wird die Klassifizierung der detektierten Objekte durchgeführt. Hierbei wird zum einen die Klassifizierung auf Grundlage von konventionellen Bildern mit herkömmlichen Methoden und zum anderen die Klassifizierung unter Verwendung der bewegungskompensierten Eventstreams betrachtet.

3.1 Rauschfilterung und Tracking

Ein Event ist ein fünf-elementiges Tupel, das sich aus der horizontalen und vertikalen Bildposition x und y, der Polarität und des Zeitstempels zusammensetzt. Unter Annahme der *Brightness constancy assumption* und einer konstanten Beleuchtung kann man ableiten, dass Events nur an bewegten Rändern entstehen [6]. Wenn die Kante parallel zur Bewegungsrichtung ausgerichtet ist, werden keine Events erzeugt, ist sie hingegen senkrecht dazu ausgerichtet, wird eine maximale Anzahl von Events erzeugt. Folglich können nur Teilbereiche eines Musters wahrgenommen werden und nicht verrauschte Events treten in einer raumzeitlichen Nachbarschaft korreliert auf. Zur Reduktion des Hintergrundrauschens wird das raumzeitliche Korrelationsfilter aus [3] genutzt.

Auf Basis der gefilterten Events wird der Trackingalgorithmus von Barranco et al. [1] angewendet, um den Objektmittelpunkt in der Bildebene zu verfolgen. Die Methode nutzt eine multivariate Gaußfunktion zur Gewichtung und Clustering der Events. Generell ist mit dieser Methode die Verfolgung mehrerer Objekte möglich, diese Arbeit beschränkt sich jedoch auf ein einzelnes Objekt. Der erkannte Objektmittelpunkt wird dann mit einem Kalman-Filter geschätzt, der die Position und die Geschwindigkeit des Objekts bestimmt. Um den Objektmittelpunkt wird eine quadratische ROI konstanter Größe gebildet, die das gesamte Objekt einschließt. Um die Informationen zu komprimieren, werden alle Ereignisse, die mit dem Objekt in Verbindung stehen, relativ zu dieser ROI aufgezeichnet. Der gesamte Datenstrom wird auf den Zeitbereich beschränkt, in dem das Objekt vollständig sichtbar ist. Darüber hinaus werden alle konventionellen Bilder der DAVIS-Kamera innerhalb der ROI extrahiert. Diese Daten bilden die Grundlage für die nachfolgenden Verfahren.

3.2 Kontrast-basierte Fensterung

Bei beiden Datensätzen, welche in Kapitel 4 beschrieben werden, sind die Objekte nur für eine begrenzte Zeitspanne vollständig sichtbar. Während dieser Zeit können die Objekte stark rotieren und die Textur ist dadurch nur teilweise sichtbar. Diese Herausforderung unterscheidet den Datensatz stark von bisher veröffentlichten, was vermutlich auf andere Anwendungsbereiche mit weniger Rotationsbewegungen zurückzuführen ist. Demzufolge sind neue Verfahren notwendig, um dem zusätzlichen Freiheitsgrad gerecht zu werden.

In dieser Arbeit wurde festgestellt, dass die Korrektklassifizierungsrate eines Klassifikators gesteigert werden kann, wenn der Datenstrom auf ein kurzes Zeitintervall begrenzt ist. Aus diesem Grund wurde eine Methode entwickelt, um den Eventstream auf das Zeitintervall mit maximalem Kontrast zu reduzieren. Der Algorithmus ist in Abbildung 3 visualisiert.

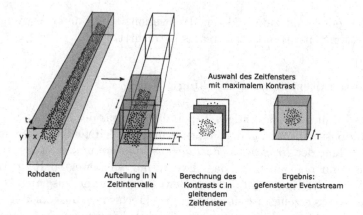

Abb. 3. Methode zur Fensterung des Eventstreams auf den Zeitraum mit maximalem Kontrast.

Zuerst wird der Eventstream in N Zeitintervalle aufgeteilt. Anschließend wird für jedes Zeitintervall mittels einem gleitendem Zeitfenster der Kontrast c berechnet. Der Kontrastwert ergibt sich aus der Summe aller Events, die in ihrer örtlichen und zeitlichen Nachbarschaft mindestens ein Event mit entgegengesetzter Polarität besitzen. Über alle betrachteten Zeitfenster wird nun das Fenster gewählt, welches den größten Kontrast aufweist. Alle Events des extrahierten Fensters dienen nun als Eingangssignal der nachfolgenden Klassifikatoren.

3.3 Framework zur Klassifikation

Um die Eignung von DVS im Bereich der automatischen Sichtprüfung auf einer breiten Basis zu analysieren, werden in dieser Arbeit unterschiedliche Klassifikatoren untersucht. Aufbauend auf der Struktur von [2] wird eine modulare Pipeline entwickelt, um Module einfach adaptieren zu können. Grundsätzlich wird dabei zwischen Frame- und Event-basierten Methoden unterschieden.

Die Frame-basierten Methoden beinhalten neben den konventionellen Bildern der DAVIS Kamera auch den Ansatz von Scheerlinck et al. [15], der eine Rekonstruktion des Helligkeitsverlaufs auf Basis der Events vornimmt. Dabei wird ein komplementäres Filter eingesetzt, das die Helligkeit für jedes Pixel unabhängig schätzt. Als Startbild wird ein einfarbiges Grauwertbild genutzt, das anschließend inkrementell angepasst wird. Sowohl die konventionellen als auch die rekonstruierten Bilder werden normalisiert und mit einem ResNet-18 [8] klassifiziert.

Neben den Frame-basierten Verfahren werden in dieser Arbeit zwei Ansätze genutzt, die kein Grauwertbild erzeugen, sondern die Events in eine Merkmalskarte transformieren. Der HATS Algorithmus [16] teilt die Bildebene in mehrere Zellen gleicher Größe auf, denen eintreffende Events anhand ihrer Position und Polarität zugewiesen werden. Innerhalb einer Zelle wird ein *Local Memory Time Surface* berechnet, das sich aus einer zeitlichen, exponentiellen Gewichtung der Events ergibt. Durch eine Superposition mehrerer *Surfaces* kann der Einfluss verrauschter Events reduziert werden. Abschließend werden alle berechneten Merkmalskarten der Zellen zusammengesetzt und mit einem ResNet-18 klassifiziert. Neben HATS wird ein neuerer Algorithmus mit einem ähnlichen Prinzip evaluiert. Anstatt die Bildebene in Zellen aufzuteilen, repräsentiert MatrixLSTM [2] jedes Pixel mit einer eigenen LSTM Zelle. Für ein eintreffendes Event wird ein Merkmalsvektor errechnet, der sich aus der Polarität, den Events der Nachbarschaft und mehreren zeitlichen Merkmalen ergibt. Alle berechneten Merkmale werden mit einer LSTM Zelle verarbeitet, die alle Eventdynamiken in einen Ausgangsvektor kombiniert. Die finale Merkmalskarte setzt sich dann aus allen Ausgangsvektoren der einzelnen Zellen zusammen und wird ebenfalls mit einem ResNet-18 klassifiziert.

Als letztes Verfahren wird ein End-to-End Klassifikator betrachtet, der den Eventcharakter von der Generierung bis zur Klassifizierung erhält. Dabei wird der Ansatz von Liu et al. [11] genutzt und ein mehrschichtiges *Spiking Neural Network* implementiert. Eintreffende Events werden mit einer Gabor-Filterbank gefaltet, die Muster unterschiedlicher Orientierung und Skalierung detektiert. Die Impulse werden mit *Leaky Integrate-and-Fire* Neuronen integriert und als Impuls an die nächste Schicht weitergegeben, sobald die Aktivität des Neurons einen Schwellwert überschreitet. Die nachfolgende Schicht empfängt und verarbeitet die Impuls nach dem gleichen Prinzip. Eine vollständig verknüpfte Schicht schließt das Netzwerk ab und ermöglicht das Anlernen unterschiedlicher Klassen auf Basis der detektierten Muster. Als Lernalgorithmus wird mit *Segmented Probability-Maximization* eine neue Methode des gleichen Autors verwendet. Implementiert wird das Netzwerk auf Basis von *BindsNet* [7] und geringfügig an den Anwendungsfall angepasst.

4 Versuchsaufbau und Datengenerierung

Wie bereits in Kapitel 2 beschrieben, sind vorwiegend Datensätze aus den Bereichen autonomes Fahren, Robotik und Überwachung veröffentlicht. Um eine Anwendung in der automatischen Sichtprüfung testen zu können, werden in dieser Arbeit zwei neue Datensätze generiert. Im Allgemeinen sind Szenen der automatischen Sichtprüfung durch eine hohe Dynamik der Objekte in einer kontrollierten Umgebung gekennzeichnet. Die Beleuchtungsstärke und der Abstand zwischen Kamera und Objekt können als konstant angenommen werden. Häufige Szenarien sind die Inspektion von Objekten im freien Fall vor einem statischen Hintergrund oder auf einem Förderband mit konstanter Geschwindigkeit. Ein Vorteil der DVS Technologie zeigt sich direkt darin, dass nur dynamische und kontrastreiche Bildbereiche wahrgenommen werden. Dadurch wird die Erkennung der Objekte stark vereinfacht und Berechnungen müssen nur in relevanten Zeitintervallen erfolgen. Für die Aufnahme beider Datensätze wird eine DAVIS346 von iniVation verwendet, deren Eigenschaften in [6] aufgelistet sind..

Der erste Datensatz enthält Aufnahmen von Holzkugeln mit einem Durchmesser von 10 mm, die sich in ihrer Textur durch eine unterschiedliche Anzahl von Streifen, zwischen keinem und drei, unterscheiden. Eine Kugel durchläuft das Sichtfeld der Kamera mit einer durchschnittlichen Geschwindigkeit von 1,3 m/s im freien Fall, wobei sie ungefähr 60 ms zu sehen ist. Die besondere Herausforderung des Datensatzes ist die starke Rotation der Objekte, die dazu führt, dass die Streifen nur in kurzen Zeitabständen vollständig zu sehen sind.

Der zweite Datensatz enthält Aufnahmen zweier Bohnensorten, die anhand ihrer äußeren Textur voneinander unterschieden werden können. Verwendet wird eine weiße Bohnensorte und Borlotti-Bohnen, welche beide in Abbildung 4 dargestellt sind. Über einen Linearförderer gelangen die Bohnen auf ein Förderband, welches die Versuchsobjekte mit einer konstanten Geschwindigkeit von 1,1 m/s durch das Sichtfeld der Kamera transportiert. Eine Herausforderung des Datensatzes ist der bewegte Hintergrund. Aufgrund des hohen Dynamikbereichs der DVS können bereits geringe Kontraste des Förderbands zu Hintergrundrauschen führen.

Die Rohdaten beider Szenen werden mit der in Kapitel 3 beschriebenen Pipeline verarbeitet. Nach der Rauschfilterung und Objektverfolgung werden die Eventstreams und konventionellen Frames der DAVIS346 auf eine ROI konstanter Größe um den Objektmittelpunkt reduziert. Bei den Holzkugeln wird dabei ein Bereich von 60 × 60 und bei den Bohnen 90 × 90 Pixeln gewählt. Für jedes Versuchsobjekt ist jeweils ein konventioneller Frame und ein Eventbild in Abbildung 4 dargestellt. Der Holzkugeldatensatz hat einen Umfang von 8000 Objekten (2000 pro Klasse) und der Bohnendatensatz 18804 (9353 Borlotti und 9451 weiße Bohnen).

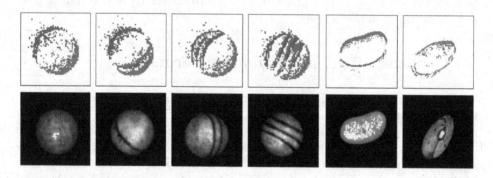

Abb. 4. Bewegungskompensierte Eventstreams und Frames beider Datensätze.

5 Analyse und Ergebnisse

Im Folgenden wird die vorgestellte Pipeline anhand der generierten Datensätze evaluiert. In Tabelle 1 sind die Korrektklassifizierungsraten aller untersuchten Verfahren aufgelistet.

Tabelle 1. Korrektklassifizierungsrate beider Datensätze in Prozent bei Verwendung der Kontrast-basierten Fensterung und State-of-the-Art Klassifikationsalgorithmen.

Methode	Klassifikator	Holzkugeln	Bohnen
Intensity frames	ResNet-18	81.37	**100**
Reconstructed frames [15]	ResNet-18	**92.37**	98.86
HATS [16]	ResNet-18	90.69	99.04
Matrix-LSTM [2]	ResNet18-Ev2Vid	89.06	99.44
SPA [11]	SNN	58.69	64.47

Zunächst wird der Holzkugeldatensatz genauer betrachtet. Konventionelle Frames erreichen im Vergleich zu anderen Ansätzen eine niedrige Korrektklassifizierungsrate, was auf eine zu geringe Bildrate zurückzuführen ist. Es ist zu erwarten, dass eine höhere zeitliche Abtastung der Szene das Ergebnis deutlich verbessert. Die Bildrekonstruktion und die HATS Methode verwenden beide die kontrastbasierte Fensterung und erreichen die höchste Genauigkeit. Dies zeigt weiter, dass eine gezielte Reduktion des Streams eine geeignete Methode ist, um die Qualität des Klassifikators deutlich zu erhöhen. Ein entscheidender Unterschied zwischen den beiden Verfahren ist die lokale Mittelwertbildung der Events. Da die Auflösung von 60 × 60 Pixeln für die Erkennung der Streifen gering ist, reduziert die lokale Mittelwertbildung des HATS-Algorithmus die Sichtbarkeit der Streifen zusätzlich. Das Ergebnis des SNN wird von den anderen Methoden deutlich in den Schatten gestellt. Dies ist auf die geringe Netztiefe und die Leistungsfähigkeit des SPA-Lernalgorithmus zurückzuführen.

Beim Bohnendatensatz kann eine Unterscheidung der beiden Klassen anhand konventioneller Bilder eindeutig erfolgen. Allerdings kommen HATS und MatrixLSTM nahe an dieses Ergebnis heran. Anhand der höheren Auflösung von 90 × 90 Pixeln wird an dieser Stelle der Vorteil von Methoden, die Events in einer lokalen Nachbarschaft akkumulieren, deutlich. Grund hierfür ist die Rauschunterdrückung durch eine örtliche Zusammenfassung von Events. Auch das SNN erreicht beim Bohnendatensatz eine vergleichsweise geringe Korrektklassifizierungsrate. Bedingt durch die größere ROI werden deutlich mehr Neuronen pro Schicht benötigt, was die Anforderung an den Lernalgorithmus deutlich erhöht.

Insgesamt lässt sich zusammenfassen, dass mit konventionellen Frames bei einer ausreichenden Abtastung der Szene die besten Klassifikationsergebnisse erzielt werden können. Diese Methoden sind bereits gut etabliert und erforscht. Allerdings kommen merkmalsbasierte Algorithmen zur Verarbeitung der Events eines DVS sehr nahe an die Ergebnisse konventioneller Verfahren heran. Eventbasierte Technologie bietet das Potential, die Verarbeitungsgeschwindigkeit zu erhöhen und gleichzeitig die Datenmenge zu reduzieren. Zum momentanen Stand der Forschung können die Ergebnisse Event-basierter Klassifikatoren nicht mit den Merkmals-basierten mithalten. Allerdings sind aufgrund des stetig wachsenden Forschungsfelds in naher Zukunft weitere Entiwcklungen im Bereich der SNNs zu erwarten.

Literaturverzeichnis

1. F. Barranco, C. Fermuller und E. Ros: Real-time clustering and multi-target tracking using event-based sensors, arXiv:1807.02851, 2018
2. M. Cannici, M. Ciccone, A. Romanoni und M. Matteucci: Matrix-LSTM: A Differentiable Recurrent Surface for Asynchronous Event-Based Data, *European Conf. on Computer Vision*, 2020
3. T. Delbruck: Frame-free dynamic digital vision, *Intl. Symp. on Secure-Life Electronics, Advanced Electronics for Quality Life and Society*, 2008
4. T. Delbruck, Y. Hu und Z. He: V2E: From video frames to realistic DVS event camera streams, arXiv:2006.07722, 2020
5. Y. Feng, H. Lv, H. Liu, Y. Zhang, Y. Xiao und C. Han: Event Density Based Denoising Method for Dynamic Vision Sensor, *Applied Sciences*, 10, 6, 2024, 2020
6. G. Gallego, T. Delbruck, G.M. Orchard, C. Bartolozzi, B. Taba, A. Censi, S. Leutenegger, A. Davison, J. Conradt, K. Daniilidis und D. Scaramuzza: Event-based Vision: A Survey, *IEEE Transactions on Pattern Analysis and Machine Intelligence*, 2020
7. H. Hazan, D.J. Saunders, H. Khan, D.T. Sanghavi, H.T. Siegelmann und R. Kozma: BindsNET: A machine learning-oriented spiking neural networks library in Python, *Frontiers in Neuroinformatics*, 12, 89, 2018
8. K. He, X. Zhang, S. Ren und J. Sun: Deep Residual Learning for Image Recognition, *IEEE Conf. on Computer Vision and Pattern Recognition*, 2016
9. O. Holešovský, R. Škoviera, V. Hlaváč und R. Vítek: Experimental Comparison between Event and Global Shutter Cameras, *Sensors*, 21, 4, 2021
10. P. Lichtsteiner, C. Posch und T. Delbruck: A 128x128 120 dB 15μ Latency Asynchronous Temporal Contrast Vision Sensor, *IEEE Journal of Solid-State Circuits*, 43, 2, 566–576, 2008
11. Q. Liu, H. Ruan, D. Xing, H. Tang und G. Pan: Effective AER Object Classification Using Segmented Probability-Maximization Learning in Spiking Neural Networks, *AAAI*, 2020
12. A. Mitrokhin, C. Fermuller, C. Parameshwara und Y. Aloimonos: Event-Based Moving Object Detection and Tracking, *IEEE/RSJ Intl. Conf. on Intelligent Robots and Systems*, 2018
13. G. Orchard, A. Jayawant, G.K. Cohen und N. Thakor: Converting Static Image Datasets to Spiking Neuromorphic Datasets Using Saccades, *Frontiers in Neuroscience*, 9, 2015
14. H. Rebecq, R. Ranftl, V. Koltun und D. Scaramuzza: High Speed and High Dynamic Range Video with an Event Camera, *IEEE Transactions on Pattern Analysis and Machine Intelligence*, 2020
15. C. Scheerlinck, N. Barnes und R. Mahony: Continuous-Time Intensity Estimation Using Event Cameras, *Computer Vision – ACCV*, 2018
16. A. Sironi, M. Brambilla, N. Bourdis, X. Lagorce und R. Benosman: HATS: Histograms of Averaged Time Surfaces for Robust Event-based Object Classification, *IEEE Conf. on Computer Vision and Pattern Recognition*, 2018
17. Z. Ni, A. Bolopion, J. Agnus, R. Benosman und S. Regnier: Asynchronous Event-Based Visual Shape Tracking for Stable Haptic Feedback in Microrobotics, *IEEE Transactions on Robotics*, 28, 5, 1081–1089, 2012

Sind Bitcoin-Transaktionen sicher, echtzeitfähig und ressourcenadäquat?

Wolfgang A. Halang und Mario M. Kubek

FernUniversität in Hagen, 58084 Hagen
{wolfgang.halang|mario.kubek}@fernuni-hagen.de

Zusammenfassung. Die Kryptowährung Bitcoin wird vorgestellt. Die Diskussion ihrer Eigenschaften unter Heranziehung von Originalzitaten aus ihrem definierenden Dokument führt zu dem Ergebnis, dass die Kryptowährung inhärent unsicher und nicht echtzeitfähig ist und dass die Erzeugung der Bitcoins und Durchführung von Transaktionen mit nicht vertretbarer Ressourcenverschwendung einhergeht. Deshalb ist der Bitcoin als elektronisches Zahlungssystem, insbesondere für den weltweiten Einsatz im alltäglichen Zahlungssystem, völlig ungeeignet.

1 Vorstellung der Kryptowährung Bitcoin

Unter dem Pseudonyn Satoshi Nakamoto veröffentlichte im Jahre 2008 ein bis heute unbekannter Autor den Aufsatz [5], in dem er sein Konzept des elektronischen Zahlungssystems Bitcoin vorstellte, welches auch namensgebend für die mittlerweile bekannteste Kryptowährung (Abkürzung: BTC) der Welt ist.

Das Bitcoin-System wurde entwickelt, um weltweite Zahlungen über unsichere Kommunikationskanäle wie das Internet ohne Vermittler abzuwickeln. Damit soll das übliche Vertrauensmodell abgelöst werden, das auf Finanzinstitutionen als Vermittler und vertrauenswürdigen, dritten Parteien beruht, Transaktionskosten durch Vermittlungsgebühren und Kosten für Schutzmechanismen mit sich bringt und die Umkehrbarkeit von Transaktionen ermöglicht. Stattdessen sollen Finanztransaktionen im Bitcoin-System dadurch unumkehrbar gemacht werden, dass sie im Rahmen eines Peer-to-Peer-Systems (P2P), also in einer rein verteilten Umgebung, durch rechnerische Nachweise (genannt Proof-of-Work) in ihrer chronologischen Ordnung von den teilnehmenden Netzknoten bestätigt werden. Durch dieses Vorgehen soll gleichzeitig das Problem des Double-Spendings – eigentlich der mehrfachen Verwendung – von Bitcoins gelöst werden, allerdings nur unter der Voraussetzung, dass mehr als die Hälfte der Knoten ehrlich agiert.

Die Kryptowährung Bitcoin besitzt mangels irgendwo hinterlegter Deckung in realen Werten oder natürlichen Vorkommens keine inhärente Werthaltigkeit. Die rechnerischen Nachweise sind neben dem sich aus Angebot und Nachfrage ergebenden Marktwert und der durch das Bitcoin-Protokoll begrenzten Menge von maximal möglichen knapp 21 Millionen BTCs [4] die einzigen Faktoren, die rechtfertigen könnten, dem Bitcoin einen gewissen Wert zuzumessen. Dies hat

Einfluss auf seine Wertstabilität und seine Nutzbarkeit als sinnvolles Anlageinstrument. Der Bitcoin-Kurs ist hohen Schwankungen unterworfen, auch da es für ihn keine regulierende Instanz gibt.

Werden Bitcoins eingesetzt, so resultiert dies in einer neuen Transaktion, die eine digitale Signatur als Beweis enthält und sich auf eine frühere Transaktion bezieht. Die neue Transaktion überträgt den Wert auf einen oder mehrere neue Besitzer, die durch ihre öffentlichen Schlüssel bestimmt sind. Auf diese Weise bilden sich Transaktionsketten, die den Umlauf der Bitcoins und die Änderungen ihrer Besitzverhältnisse widerspiegeln.

Mit zusätzlicher Software ausgestattete Knoten im P2P-Netz, genannt Miner, fassen unabhängig voneinander jeweils rund 2000 eingegangene Transaktionsdatensätze im Umfang von je ca. 500 Bytes zu Blöcken zusammen. Hat ein Miner einen neuen Block gebildet, versucht er, den Block durch Ausführung eines Proof-of-Work zu bestätigen. Wie in Abb. 1 dargestellt, wird dazu eine Nonce genannte Variable im Header des Blocks in Form einer linearen Suche solange verändert, bis der Hashwert dieses Headers kleiner oder gleich einem vorgegebenen Zielwert ist. In jedem Durchlauf der Suchschleife wird dabei die Hash-Funktion SHA-256 ausgewertet, was sehr rechenintensiv ist. Die Anzahl der Durchläufe bis zur Erreichung der Abbruchbedingung ist dabei nicht vorhersehbar.

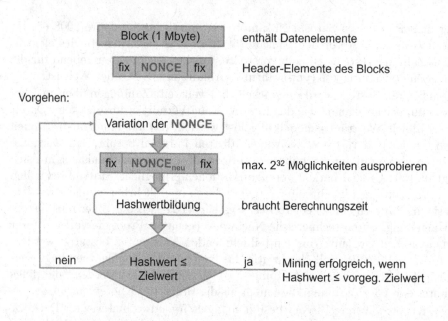

Abb. 1. Hashwertsuche durch Variation der Nonce im Block-Header

Der Aufwand zur Ausführung des Proof-of-Work- Mechanismus wird als Maß für die Sicherheit und auch die Akzeptanz des Bitcoin-Systems angesehen, denn je größer die zur Bildung eines neuen Blocks erforderliche Rechenleistung und die dafür aufzuwendende elektrische Energie ist, desto schwieriger wird ein Angriff mit dem Ziel, einen konkurrierenden Block mit einer für den Angreifer günstigen Transaktion schneller zu erstellen als die übrigen Knoten.

Blöcke werden in einer linearen Kette, der sogenannten Blockchain, siehe Abb. 2, angeordnet. Jeder Block enthält in seinem Header den Merkle-Root-Hashwert des vorhergehenden Block-Headers. Änderungen an einem früher angefügten Block würden somit automatisch zu Inkonsistenzen an nachfolgenden Blöcken führen, da die dort festgehaltenen Hashwerte nicht mehr stimmten. Zur Verifikation der ganzen Blockchain müssen in der Konsequenz nur noch die verbundenen Block-Header prüft werden, jedoch nicht mehr alle Transaktionen in den Blöcken selbst, da die jeweiligen Hashwerte der Blöcke bereits in deren Headern eingetragen sind. Jeder Netzknoten hält eine eigene Kopie der Blockchain vor, verifiziert unabhängig von den anderen jeden empfangenen neuen Block und damit jede Transaktion, bevor er den neuen Block in seine lokale Kopie der Blockchain einfügt.

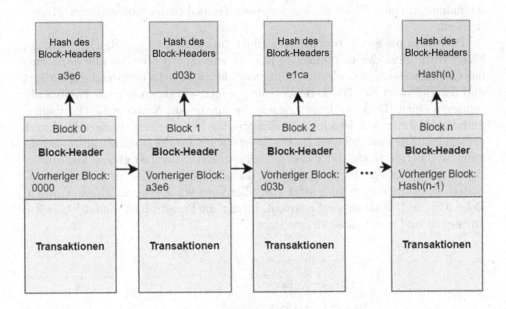

Abb. 2. Wachstum der Blockchain

Nach dem Bitcoin-Protokoll soll im Durchschnitt alle 10 Minuten ein neuer Block gebildet werden. Diese Blockzeit ist ein Kompromiss zwischen möglichst kurzer Bestätigungszeit und Begrenzung des unnötigen Aufwandes im Falle des Entstehens mehrerer konkurrierender lokaler Blockchains. Eine solche Situation tritt auf, wenn zwei oder mehr Miner nahezu gleichzeitig jeweils einen neuen Block gebildet haben und ein Knoten diese verschiedenen Blöcke empfängt (vgl. unten). Der Knoten wählt dann die längste Blockchain als die aktuell gültige.

Bitcoin-Miner erhalten für das rechen- und energieintensive Erstellen von Blöcken Belohnungen in Form von Transaktionsgebühren und des sogenannten

Block-Rewards. Dieser wird durch die jeweils erste im Block enthaltene und keine Eltern-Transaktion besitzende Transaktion, genannt Coinbase-Transaktion, realisiert und ist mit der Schöpfung neuer Bitcoins verbunden. Zusätzlich zur Nonce können der Zeitstempel im Block-Header und das Extra-Nonce-Feld in der Coinbase-Transaktion variiert werden, um einen passenden Hashwert zu finden. Diese Option zieht allerdings die (erneute) Berechnung des Merkle-Root-Hashwertes aller im Block enthaltenen Transaktionen nach sich, da dieser Hashwert Teil des Block-Headers ist. War die Hashwertsuche erfolgreich, wurde mithin ein gültiger Block gefunden, propagiert der Miner den Block im Netz.

Der anfangs auf 50 BTC festgelegte Block-Reward wird etwa alle vier Jahre halbiert und beschränkt so die zu schöpfende Menge von Bitcoins auf knapp 21 Millionen. Als Gebühren bekommen Miner die Differenzen zwischen den Eingangs- und Ausgangswerten der in die Blöcke aufgenommenen Transaktionen. Deshalb nehmen Miner die Transaktionen mit den größten Differenzen bevorzugt auf. Für die Transaktionsgebühren stellt sich ein von der Anzahl der um Aufnahme in einen Block konkurrierenden Transaktionen abhängender Marktpreis ein.

Damit ein als gültig propagierter Block tatsächlich an die Blockkette angehängt wird, muss der empfangende Knoten zunächst prüfen, ob alle darin enthaltenen Transaktionen wirklich gültig sind, keine Mehrfachverwendung vorliegt und der Hashwert des Block-Headers den obigen Vorgaben genügt. Knoten akzeptieren einen Block (erzielen Konsens), wenn sie am Nachfolgeblock arbeiten und den Hashwert des Headers des akzeptierten Blocks als vorherigen Hashwert verwenden. Für eine erfolgreiche Hashwertsuche wird die oben erwähnte Belohnung an BTC ausgeschüttet. Da es jedoch sein kann, dass fast gleichzeitig gültige Blöcke gefunden werden, ist es möglich, dass sich mehrere Zweige der Blockkette bilden. Über kurz oder lang setzt sich allerdings ein Zweig als längster durch, siehe Abb. 3. Die Miner sind bestrebt, immer die längste Kette als die korrekte anzusehen und somit diese zu erweitern.

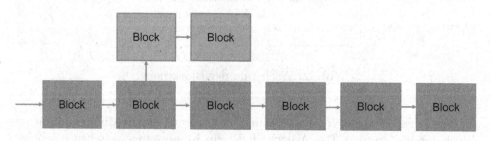

Abb. 3. Verzweigungen in der Blockchain

Die Blöcke der kürzeren Zweige werden verworfen. Die Transaktionen in verworfenen Blöcken gehen jedoch nicht verloren, da sie auch in anderen validen Blöcken auftauchen. Aus diesen Gründen wird eine Transaktion erst dann als sicher betrachtet, wenn sie in einem Block der Blockchain auftaucht, der mindestens fünf Nachfolgeblöcke hat, die Blockchain also seit der Transaktion signifikant angewachsen ist. Weil neue Blöcke durchschnittlich alle 10 Minuten gebildet werden, kann folglich davon ausgegangen werden, dass eine Transaktion nach etwa einer Stunde als gesichert anzusehen ist.

Wie erwähnt, müssen Knoten bei Empfang eines gültigen Blocks die enthaltenen Transaktionen verifizieren. Hierbei ist zu beachten, dass sich der einer Bitcoin-Adresse – mit der genau ein öffentlicher und ein privater Schlüssel des Inhabers assoziiert sind – zugeordnete Bitcoin-Wert nicht aus einer in einer Datenbank gespeicherten elektronischen Münze ergibt, sondern sich aus Ketten digital signierter Transaktionen ableitet. Eine empfangene Bitcoin-Transaktion T_n besteht aus dem öffentlichen Schlüssel PKE_n des Empfängers, der Anzahl zu übertragender Bitcoins, einer Bestätigung (Signatur) S_{n-1} des vorherigen Besitzers (Senders) und dessen öffentlichem Schlüssel PKE_{n-1}. Bei der Erzeugung einer neuen Transaktion T_{n+1} signiert der Sender mit seinem privaten Schlüssel PKD den Hashwert aus dem öffentlichen Schlüssel des Empfängers PKE_{n+1} und der vorigen Transaktion T_n. Abb. 4 zeigt diesen Zusammenhang.

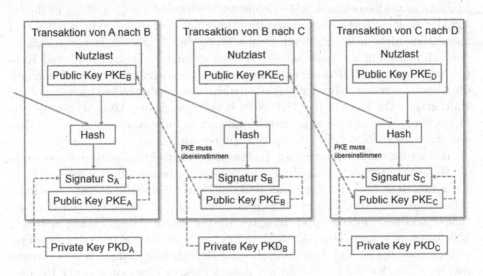

Abb. 4. Erzeugung von Transaktionsketten

Transaktionen werden somit auf Gültigkeit geprüft, indem die digitalen Signaturen für die gesamte Transaktionskette wiederholt überprüft werden. Waren alle Elemente der Kette in Ordnung, dann ist der Empfänger mit hoher Sicherheit im Besitz der übertragenen Bitcoins. Um jedoch auch Mehrfachverwendung aufzudecken, ist das zuvor angesprochene Konsensverfahren auf Blockebene notwendig. In diesem System sind also zwei Arten von Ketten explizit zu unterscheiden: die Kette aus Blöcken, die Transaktionen enthalten, sowie einzelne Transaktionsketten, die miteinander verkettete Transaktionen umfassen.

Die vorstehenden Ausführungen sollten einen Überblick über die technischen Abläufe im Bitcoin-System sowie dessen Merkmale geben. Seine Grundidee ist, Zahlungen mittels kryptographischer Techniken in diesem hochgradig verteilten System abzusichern und so das klassische Vertrauensmodell zu ersetzen, das auf Finanzinstitutionen als vertrauenswürdige, dritte Parteien basiert. Im Folgenden soll hinterfragt werden, ob das Bitcoin-System und die mit ihm verbundenen Protokolle als sicher, echtzeitfähig und ressourcenadäquat bezeichnet werden können. Hierbei wird auf die Originalarbeit von Satoshi Nakamoto Bezug genommen, nicht jedoch auf die in den letzten Jahren vorgenommenen technischen Anpassungen und Erweiterungen des Bitcoin-Systems, die zwar diese Aspekte unterschiedlich erfolgreich behandeln, das System dadurch aber selbst noch viel komplexer und undurchschaubarer haben werden lassen.

2   Diskussion des Konzeptes von Bitcoin

Wie bereits erwähnt, existieren Bitcoins weder physisch noch als Bestände auf Bankkonten, sondern sind als Ketten digitaler Signaturen auf Knoten eines Peer-to-Peer-Netzes gespeichert („We define an electronic coin as a chain of digital signatures" [5].). Diese Knoten und ihre Betreiber sind pseudonym, d.h. sie sind namentlich nicht bekannt, durch Beobachtung des Netzverkehrs lassen sich jedoch Hinweise auf die Identität der Knoten gewinnen. Deshalb und weil Knoten beliebig in das P2P-Netz eintreten oder es verlassen können, entziehen sich die Knotenbetreiber jedweder Verantwortlichkeiten, insbesondere juristischer wie Haftbarkeit. Da Knoten das P2P-Netz beliebig verlassen können, besteht die Möglichkeit, dass alle Bitcoins verschwinden, wenn alle Knoten das Netz verlassen, letzteres ausfällt oder alle aktiven Knoten ausfallen.

Bedingung dafür, dass Bitcoin-Transaktionen korrekt ausgeführt werden und die Bitcoins selbst nicht angreifbar sind, ist nach Nakamoto, dass „ehrliche" Knoten mindestens 51% der Rechenleistung im Netz bereitstellen; denn ausschlaggebend für den Abschluss von Transaktionen sind die längsten, von der leistungsstärksten Knotengruppe erzeugten Ketten. Diese Voraussetzung lässt sich aber kaum zu jedem Zeitpunkt sicherstellen, weil sich Knotenbetreibern die Frage stellt, warum sie die Anschaffungs- und Betriebskosten ihrer Knoten tragen sollten, wenn der Punkt erreicht ist, dass der durch Erzeugung neuer Bitcoins und Transaktionsgebühren zu erreichende Gewinn den Aufwand für die Knoten übersteigt. Dadurch ermöglicht es das Konzept Kriminellen, das System ganz leicht zu kapern:

1. Der Betrieb von Knoten wird unwirtschaftlich.
2. Die „ehrlichen" Betreiber legen (nach und nach) ihre Knoten still.
3. Den kriminellen Knotenbetreibern fällt die Mehrheit im P2P-Netz zu.

Damit erreicht Nakamoto genau das Gegenteil seiner Behauptung: „We have proposed a system for electronic transactions without relying on trust" [5]. Zwar müssen Nutzer nicht mehr öffentlich bekannten, der Bankenaufsicht unterliegenden und haftbar zu machenden Finanzinstitutionen vertrauen, dafür aber unbekannten, oft kriminellen Knotenbetreibern sowie daran glauben, dass jederzeit viele Bedingungen erfüllt sind. Das Bitcoin-System ist also extrem unsicher.

Zur gleichen Einschätzung gelangt man bei der Betrachtung, wie das System mit der Verwendung eines Bitcoins für mehrere Zahlungen umgeht. Dabei signiert ein Sender zwei- oder mehrmals die gleiche Transaktion an verschiedene Empfänger. Solche Mehrfachzahlungen sollen durch Mehrheitsentscheid der Knoten darüber verhindert werden, welche Transaktion mit demselben Bitcoin die früheste war. Dazu werden die – wie wir noch sehen werden, recht ungenauen – Transaktionszeitpunkte verglichen, Proof-of-Work durchgeführt und Blöcke geprüft. Wenn Angreifer langsamer als die ehrlichen Knoten sind, sieht Nakamoto die Mehrfachverwendung von Bitcoins als unwahrscheinlich an – sicher ausschließen kann er sie nicht.

Neben der Maßnahme, Mehrfachverwendung von Bitcoins probabilistisch zu verhindern, tragen folgende weitere Strukturmerkmale des Bitcoin-Systems dazu bei, sein Verhalten völlig unvorhersehbar werden zu lassen. So sieht Nakamoto vor, dass das Broadcasting der Daten neuer Transaktionen nicht alle Knoten zu erreichen braucht. Das dazu verwendete Best-Effort-Routing ist ein weiterer Grund dafür, dass sich die Menge der Knoten, die die Mehrheit im P2P-Netz hat, permanent ändert. Dabei findet die Übertragung der Transaktionsdaten unverschlüsselt statt, was Manipulationen aller Art Tür und Tor öffnet. Weil Blockketten durch Anfügen neuer Transaktionsdaten immer länger werden, dürfen sie nach einiger Zeit gekürzt werden. Die Unvorhersehbarkeit des Bitcoin-Systems wird dadurch verschlimmert, dass nicht spezifiziert ist, wann dies geschehen soll.

Durch Anwendung von Normalisierungsregeln auf Datenbanksschemata sorgen relationale Datenbanksysteme dafür, dass keine vermeidbaren Datenredundanzen auftreten. In der Folge bleiben gespeicherte Daten konsistent und es wird durch Vermeidung mehrfacher Datenhaltung Speicherplatz eingespart. Im Gegensatz dazu wird die Bitcoin-Blockchain n-fach redundant auf den Knoten eines P2P-Netzes vorgehalten und für die Konsistenz ihrer n Versionen wird keine Sorge getragen.

Gegenüber der klassischen Informatik, die von knappen Ressourcen ausging und sich deshalb mit virtuellen Betriebsmitteln behalf, bedeutet das Konzept von Bitcoin einen Paradigmenwechsel. Sein verschwenderischer Umgang mit Energie, Rechenleistung, Speicherplatz und Bandbreite ist weit überzogen. Unter Redundanzgesichtspunkten sind doppelte oder auch dreifache Buchführung sicher sinnvoll und seit Jahrhunderten gängige Praxis. Dagegen bringt n-fache Redundunz für rechte große n keinen Mehrwert und ist deshalb Unsinn. Während zur Abwicklung einer Finanztransaktion einige wenige Datenübertragungen ausreichen, wächst deren Anzahl im Bitcoin-System quadratisch mit der Knotenzahl.

Die fehlende Ressourcenadäquatheit von Bitcoin zeigt sich aber nicht nur an ausuferndem Ressourceneinsatz, sondern auch an Ressourcenmangel wie unzureichender Zeitgebung und -synchronisation sowie eklatanter Unterschätzung des Speicherbedarfs. So gibt Nakamoto den jährlichen Speicherbedarf völlig unrealistisch mit 4,2 MB an, indem er nur die Block-Header betrachtet und von nur sechs Blöcken pro Stunde ausgeht. Der Datensatz jeder Transaktion ist jedoch rund ein halbes kB groß, womit zwischen Oktober 2020 bis September 2021 rund 53 GB anfielen. Insgesamt waren bis Ende 2021 rund 382 GB angefallen, eine nicht unerhebliche Datenmenge, die zumindest bei der Inbetriebnahme eines Knotens erst auf diesen transferiert werden muss.

Während sich eine beschränkte Menge von Zahlungseinheiten mit geringstem Ressourceneinsatz generieren lässt, verbraucht die Erzeugung von Bitcoins – das sogenannte Mining – prohibitiv viel Strom. Für Mining und Transaktionen wurde im Jahre 2019 mit 119 TWh mehr Strom verbraucht als die Niederlande benötigten, deren Bedarf um 8 TWh niedriger lag [1]. Mit dem für eine Bitcoin-Operation erforderlichen Strom kann eine 60W-Glühbirne 9 Jahre und 187 Tage lang brennen [2]. Damit dürften die durch eine Transaktion verursachten Stromkosten häufig schon den Transaktionswert überschreiten.

Um jeweils früheste Zahlungen bzw. Transaktionen ermitteln zu können, werden die Block-Header mit Zeitstempeln versehen. Zu diesem Zweck sieht Nakamotos Konzept das Vorhandensein im P2P-Netz verteilter Zeitstempel-Server vor, erwähnt aber nicht, dass deren Uhren synchronisiert werden müssen, und zwar in globalem Maßstab und sehr feingranular. Dies ist technisch durchaus möglich [3, Kap. 14], bspw. durch Empfang der von Satellitennavigationssystemen verbreiteten gesetzlichen Zeit. Organisatorisch ist jedoch nicht sichergestellt, ob in das P2P-Netz eintretende Knoten über die erforderlichen Empfangsgeräte, Zeitgeber und Synchronisationsfähigkeiten verfügen. Zur Aufnahme von Zeitstempeln sind im Block-Header vier Bytes reserviert. Mit diesen 32 Bits lässt sich der Zeitraum eines Jahres in Schritten zu etwas weniger als 10 msec auflösen. Für ein weltumspannendes, häufig genutztes Zahlungssystem ist aber ein Betrachtungszeitraum von nur einem Jahr zu kurz und eine zeitliche Auflösung von 10 msec viel zu grob. Damit erweisen sich vier Bytes lange Zeitstempel als völlig unzureichend.

An die Antwortzeiten zur Abwicklung von Zahlungen werden an Zahlungssysteme geringe bis höchste Anforderungen gestellt. Letztere treten bspw. im Hochfrequenzhandel auf und reichen dort bis hinunter in den Nanosekundenbereich. Wie oben angegeben, können Bitcoin-Transaktionen jedoch erst nach zehnminütiger Wartefrist als vollständig ausgeführt und bestätigt angesehen werden. Somit ist Bitcoin als Zahlungssystem im täglichen Leben absolut ungeeignet, denn welcher Kunde und welcher Händler würde akzeptieren, an einer Ladenkasse zehn Minuten auf die Bestätigung einer Zahlung zu warten. Bei der Einführung wurden Bitcoins gerne als eine „possibility for small casual transactions" [5] vorgestellt und es wurden glückliche Menschen gezeigt, die damit Kaffee an Automaten bezahlten. Verschwiegen wurde dabei jedoch, dass der Kaffee nach zehnminütiger Warterei bereits kalt geworden sein wird. Von Echtzeitfähigkeit kann demnach in Bezug auf Bitcoin nicht gesprochen werden.

Dass Bitcoin zum Einsatz als ein Zahlungssystem ungeeignet ist, das rund um die Uhr und weltweit verfügbar sein muss, folgt auch aus der Betrachtung der Transaktionszahlen. Wie Abb. 2 zeigt, wurden seit seiner Einführung bis September 2021 rund 670 Mio. Bitcoin-Operationen ausgeführt, davon ca. 100 Mio. in den letzten zwölf Monaten [7]. Das entspricht im Zeitraum Oktober 2020

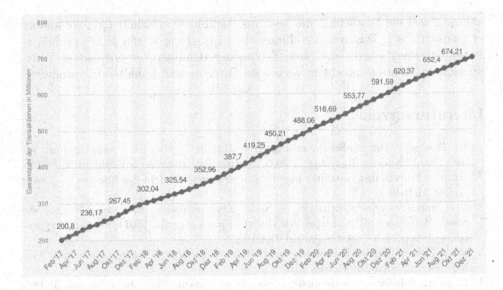

Abb. 5. Gesamtzahl aller weltweiten Bitcoin-Transaktionen von Februar 2017 bis Dezember 2021 (in Millionen) [6]

bis September 2021 gut drei Transaktionen pro Sekunde. Veranlasste jedoch nur jeder Achte der Weltbevölkerung nur eine einzige Transaktion pro Tag, so wären das rund 11575 Transaktionen pro Sekunde. Diese Zahl ist sicher sehr konservativ geschätzt, wenn man berücksichtigt, wie viele Zahlungen – insbesondere kleine und kleinste und speziell in Asien – heute elektronisch abgewickelt werden. Mit solchen oder noch höheren Anforderungen wäre das Bitcoin-System sicherlich bei weitem überfordert.

3 Fazit

Nach Vorstellung der Kryptowährung Bitcoin und der Ausführung ihrer Transaktionen wurden ihre Eigenschaften unter Heranziehung von Originalzitaten aus dem definierenden Dokument [5] diskutiert. Dabei stellte sich heraus, dass das Konzept der Kryptowährung nicht zu Ende gedacht ist und dass sein sich hinter dem Pseudonym Satoshi Nakamoto versteckender Urheber es offensichtlich selber nicht verstanden hat. Das Konzept ist viel zu kompliziert, weshalb die Kryptowährung als weltweit einsetzbares Zahlungssystem ungeeignet ist. Insbesondere zeugt das Konzept von völliger Unkenntnis hinsichtlich rechnergestützter Zeitverwaltung und der Uhrensynchronisation in verteilten Rechnersystemen. Nakamotos System arbeitet weder deterministisch noch vorhersehbar – zwei Eigenschaften, die für ein Zahlungssystem essentiell sind. Für Transaktionen mit Bitcoins gilt, dass sie weder sicher, noch echtzeitfähig oder ressourcenadäquat sind. Die Transaktionen benötigen zwar keine (Zentral-) Bank, sind aber nicht anonym, weil die Blockchain die gesamten Geldflüsse speichert („public history of transactions"). Das von der chinesischen Regierung wegen seines prohibitiv hohen Stromverbrauchs und zum Schutz der Benutzer vor erratischen Wertschwankungen ausgesprochene Verbot des Bitcoins war deshalb sehr vernünftig.

Literaturverzeichnis

1. R. Bocksch: Bitcoin-Stromverbrauch – Bitcoin verbraucht mehr Strom als die Niederlande, Hamburg, 2021. https://de.statista.com/infografik/18608/ stromverbrauch-ausgewaehlter-laender-im-vergleich-mit-dem-des-bitcoins/ , letzter Aufruf 31.10.2021
2. M. Brandt: Digitalwährungen – Neue Kryptoprojekte bald so effizient wie Visa, Hamburg, 2018. https://de.statista.com/infografik/13071/visa-und-krypto-coins-im-vergleich/, letzter Aufruf 31.10.2021
3. W.A. Halang und R.M. Konakovsky: *Sicherheitsgerichtete Echtzeitsysteme*, 3. Auflage, Berlin: Springer Vieweg 2018
4. H. Meisner: Bitcoins als Herausforderung in der Finanzsphäre. In: J. Lempp, T. Pitz und J. Sickmann (Hrsg.): *Die Zukunft des Bargelds*, Wiesbaden: Springer Gabler 2018
5. S. Nakamoto: Bitcoin: A Peer-to-Peer Electronic Cash System, `bitcoin.org`, 2008
6. L. Rabe: Gesamtzahl aller Bitcoin-Transaktionen weltweit bis Dezember 2021, 2022. Zitiert nach de.statista.com. https://de.statista.com/statistik/daten/ studie/315084/umfrage/gesamtzahl-aller-bitcoin-transaktionen-weltweit/ , letzter Aufruf 14.01.2022
7. Statista: Bitcoin – Statista-Dossier zur virtuellen Währung Bitcoin, Hamburg, 2021. https://de.statista.com/statistik/studie/id/22944/dokument/bitcoin-statista-dossier/ , letzter Aufruf 31.10.2021

Analysemethodiken zur Berechnung der WCET mit asynchroner Ein-/Ausgabeverarbeitung

Georg Seifert

Technische Hochschule Ingolstadt, 85049 Ingolstadt
Georg.Seifert@thi.de

Zusammenfassung. In sicherheitskritischen Echtzeitsystemen ist eine der Herausforderungen die Festlegung einer zeitlichen oberen Schranke für die Ausführungszeit der Applikation. Aktuell werden hierzu statische Worst Case Execution Time (WCET)-Analysen eingesetzt, die exakte Kenntnisse über die Prozessoren besitzen, jedoch einen konfliktfreien Zugriff auf externe Ressourcen voraussetzen. Durch den Anstieg an Peripherie und der daraus resultierenden Steigerung des Datenverkehrs innerhalb einer Mikrocontroller Unit (MCU) reicht eine reine CPU-getriebene Verarbeitung des Datenverkehrs nicht mehr aus. Ein Ansatz zur Entlastung ist die Nutzung eines DMA-Controller (DMAC), mit dem Nachteil von auftretenden Ressourcenkonflikten. Um hier dennoch eine vertretbare obere Schranke der Ausführungszeit angeben zu können, müssen bei zukünftigen Analysen die Informationen paralleler Zugriffe mit in Betracht der statischen WCET-Analyse gezogen werden. Dieser Artikel stellt ein Konzept vor, welches anhand detaillierter Informationen der gesamten MCU, einschließlich CPU, DMAC und interner Verbindungsnetzwerke, eine Berechnung der WCET mit asynchroner Ein-/Ausgabe (EA) ermöglicht.

1 Motivation

In verschiedenen Branchen wird von Rechensystemen gefordert, dass sie ein Echtzeitverhalten aufweisen. Kommen neben dieser Forderung sicherheitskritische Aspekte hinzu, wie beispielsweise bei Flug-Kontroll-Computern in der Luftfahrt, so kann eine Verletzung der Ausführungszeit einen fatalen Schaden an Mensch oder Umwelt anrichten. Beispielsweise wird hierzu in dem flugzeugspezifischen Standard zur Software-Entwicklung DO-178C [7] angemerkt, dass vor allem die Auswahl der Hardware einen nicht zu vernachlässigenden Einfluss auf die WCET hat.

Um diesen Anforderungen nach Vorhersagbarkeit gerecht zu werden, werden aktuell Single-Core Systeme eingesetzt, bei denen interne Abläufe konfliktfrei abgewickelt werden und die WCET mit statischen Evaluierungsmethoden berechnet wird. Die Aussagen der statischen Laufzeitanalyse basieren auf repräsentativen Modellen der CPU und dem zugehörigen Caching-Verhalten. Diese Modelle decken zusätzlich keine weiteren Komponenten des MCU, wie DMAC,

Springer Fachmedien Wiesbaden GmbH, ein Teil von Springer Nature 2022
H. Unger und M. Schaible (Hrsg.), *Echtzeit 2021*, Informatik aktuell,
https://doi.org/10.1007/978-3-658-37751-9_6

mehrere Prozessoren oder interne Kommunikationsnetzwerke und daraus resultierende potenzielle Interferenzen, ab. Diese Grenzen der statischen WCET Analyse führen somit zu einer Einschränkung der Nutzung aktueller Hardware.

Durch den Anstieg der geforderten Funktionalitäten an die Systeme und dem zusätzlichen Wachstum der Bandbreite der verbauten Schnittstellen, entsteht eine Situation, in der die eingesetzte CPU-getriebene Verarbeitung der EA nicht mehr möglich ist. Trotz der Forderungen nach mehr Leistung, wird vonseiten der Regulierungsbehörden, wie der europäischen EASA [2], aktuell die Nutzung von DMAC, aber auch Multi-Core Systemen, in sicherheitskritischen Anwendungen der höchsten Gefährdungsklassen (DAL-A/B in der Luftfahrt) nahezu unterbunden, da es nach aktuellem Stand der Technik keine ausreichend sichere Nachweisführung über die Funktionssicherheit der Hardware gibt.

Der aktuell erfolgversprechende Weg ist dennoch der Einsatz von zusätzlichen Konzepten, wie Direct Memory Access (DMA), die die CPU entlasten. In der Vergangenheit wurde bereits erfolgreich der Einsatz und damit die verbundene Zertifizierung von DMACs durchgeführt, wenn auch nur im synchronen Modus. Um in Zukunft den DMAC auch unabhängig und asynchron zur CPU laufen zu lassen, müssen die aktuellen Analysemethoden zur Evaluierung der WCET um diese Eigenschaften erweitert werden. Eine mögliche Methodik wird nachfolgend vorgestellt, bei der die Hardware und Software detailliert untersucht werden. Die daraus abgeleiteten Informationen bieten eine neue Möglichkeit zur Berechnung der WCET mit asynchroner EA und somit den Einsatz von DMAC in sicherheitskritischen Echtzeitsystemen.

2   Problemstellung

In der Luftfahrtindustrie werden sicherheitskritische und hart-echtzeitfähige Rechensysteme, die in die höchsten Zertifizierungslevel (DAL-A/B) fallen, mithilfe periodischer Kontrollsoftware auf MCUs integriert. Die hauptsächliche Herausforderung ist hierbei nicht die Entwicklung und Implementierung der Applikation, sondern die nachfolgende Verifizierung des gesamten Systems. Hierunter fällt auch der Nachweis des zeitlichen Verhaltens und die daraus abgeleitete WCET. Da die Verifikation des Gesamtsystems aktuell durch die Hardwareauswahl[1] begrenzt ist, werden für diesen Einsatz einfache MCUs, wie der Texas Instruments Hercules TMS570LC4357 (Hercules TMS570), verwendet. Hierbei handelt es sich um MCUs, die mit Echtzeit-Prozessoren ARM Cortex-R5 und weiteren "Safety"-Funktionalitäten ausgestattet sind.

Die Limitierungen, die durch die Zertifizierung gegeben sind, werden softwareseitig durch primitive Implementierungen umgangen. Hierbei wird hauptsächliche auf eine reine CPU-getriebenen Datenverarbeitung ("programmed IO" (PIO)) zurückgegriffen, um gleichzeitigen Zugriff auf eine Ressource zu verhindern. Um dennoch eine effizientere Verarbeitung der EA zu ermöglichen, werden DMA-Mechanismen eingesetzt, die sequenziell zur CPU eingesetzt werden. Um

---

[1] Die EASA definiert in dem Certification Memorandum [2] MCUs mit mehr als einer CPU als "Highly Complex COTS Microcontroller".

hier einen interferenzfreien Betrieb zu garantieren, muss die CPU jedoch auf die Fertigstellung der Übertragung durch den DMAC warten. Eine parallele Verarbeitung der Daten durch den DMAC zur Entlastung der CPU ist aktuell nicht möglich.

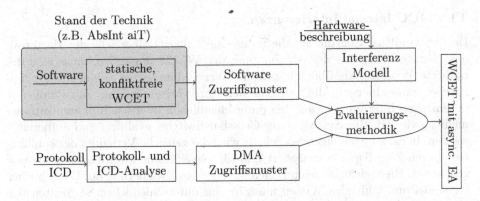

Abb. 1. Schematischer Ansatz zur Berechnung der WCET mit asynchroner EA

Die Limitierung auf Softwarekonzepte ohne Ressourcenkonflikte ist nicht alleinig der Zertifizierung und den Regulierungsbehörden geschuldet, sondern auch den aktuell am Markt befindlichen WCET Analyse-Tools (Abb. 1, grau). Diese Tools bilden aktuell nur den Prozessor und prozessornahe Hardware, wie den Cache, ab. Externe Komponenten wie das interne Verbindungsnetzwerk, basierend auf den unterschiedlichen Crossbar-Switches und Bus-Systemen, und die daraus resultierenden Interferenzen durch konkurrierende Übertragungen werden nicht mit betrachtet. Dies liegt vorwiegend an der fehlenden Information über den internen Aufbau der Systeme und an dem unzureichend dokumentierten Verhalten des zeitlichen Ablaufs. Diese detaillierten Informationen werden in vielen Fällen durch die Hersteller als deren Expertise geheim gehalten.

Um diese Situation zu verbessern, müssen die möglichen zeitlichen Auswirkungen für die verschiedenen internen Gerätegruppen (Prozessoren, DMAC und Verbindungsnetzwerke, vgl. Abb. 1) durch das Erstellen eines internen Interferenzmodells charakterisiert werden. Zusätzlich müssen die Zugriffsmuster des DMAC auf abstrakte Weise berücksichtigt werden, um die WCET mit konfliktbehafteten Ressourcen zu analysieren.

3 Methodik

Für die Berechnung der WCET mit asynchroner EA, der durch DMA verursacht wird, müssen primär drei Typen von Informationen evaluiert werden:

- MCU interne Interferenzen
- Zugriffsmuster der CPU

– Zugriffsmuster des DMAC

Basierend auf diesen Informationen und den daraus abgeleiteten Modellen der potenziellen Interferenzen lassen sich in einem darauffolgenden Schritt mögliche Kollisionen und die damit verbundenen Verzögerungen errechnen.

3.1   MCU interne Interferenzen

Da die parallelen Zugriffe auf die unterschiedlichen Teilbereiche der Hardware das Hauptproblem bei der Abschätzung der WCET darstellen, muss eine detaillierte Wissensbasis über die internen Verbindungsnetze aufgebaut werden. Hierbei muss einerseits die Struktur der Hardware und damit die Pfade mit potenziellen Interferenzen auf den unterschiedlichen internen Kommunikationsmedien, wie z.B. Bus-Systeme oder Crossbar-Switche, evaluiert und aufbereitet werden. In einem nachfolgenden Schritt wird das zeitliche Verhalten der konfliktbehafteten Zugriffspfade analysiert und für verschiedene Zugriffsgrößen herausgearbeitet. Hier reicht in vielen Fällen die alleinige Evaluierung der Datenbücher nicht aus und fehlendes Wissen muss in den unterschiedlichen Segmenten der Kommunikationsmedien durch Reverse Engineering verifiziert und rekonstruiert werden. Ein detailliertes Vorgehen lässt [5] entnehmen.

3.2   Zugriffsmuster der CPU

Neben dem statischen Wissen über die internen Kommunikationsstränge muss das zeitliche Auftreten von Zugriffen der CPU auf die verschiedenen Segmente der MCU abstrahiert quantifiziert werden. Hier wird auf die Ergebnisse der statischen, kollisionsfreien WCET-Berechnung zurückgegriffen, wie sie beispielsweise von *AbsInt aiT* geliefert wird, vgl. Abb. 2(a).

Dabei wird auf verschiedene Zwischenschritte der abstrakten Interpretation der Analyse zurückgegriffen. Wichtige Einzelinformationen sind hier:

– Kontrollfluss der einzelnen Basic Blocks
– Worst-Case Verhalten der individuellen Basic Blocks
– Wertanalyse der Speicher-Zugriffe auf die verschiedenen Segmente
– Cache-Verhalten

Um diese Ergebnisse für eine finale Analyse zu vereinfachen, werden die daraus gewonnenen Ergebnisse zunächst abstrahiert. Dabei werden nur das zeitliche Verhalten, die Zugriffe und der Kontrollfluss der einzelnen Basic Blocks beibehalten, vgl. Abb. 2(b). Das genaue Verhalten der Applikation ist hier nicht mehr von Interesse, da dies für die nachfolgende Analyse nicht mehr relevant ist. Eine weitere Darstellung, bei dem nicht benötigte Zugriffe (hier die Zugriffe auf den Flash) entfernt wurden, ist in Abb. 2(c) dargestellt. Hierbei wird weitgehendst versucht, Schleifen auszurollen und Verzweigungen parallel darzustellen, um bspw. Änderungen der Worst-Case-Pfade im Kontrollfluss einfacher sichtbar zu machen. Eine solche Änderung kann auftreten, wenn der kollisionsfreie Durchlauf einer if-Verzweigung länger braucht als sein Pendant, der else-Zweig jedoch durch potenzielle Interferenzen signifikant länger gestört wird.

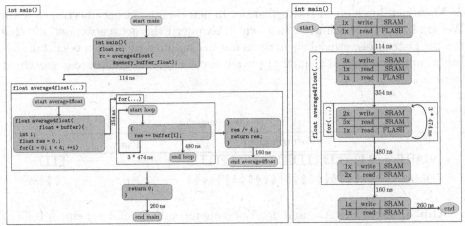

(a) Kontrollfluss und WCET-Zeiten auf Code-Ebene

(b) Vereinfachte   Darstellung basierend auf dem zeitlichen Verhalten und der Zugriffe

Basic Blocks — | 1 TX | 1 RX, 3 TX | 5 RX, 2 TX | 5 RX, 2 TX | 5 RX, 2 TX | 5 RX, 2 TX | 2 RX, 1 TX | 1 RX, 1 TX | —

(c) Abstrakte Darstellung basierend auf den Zugriffspattern

Abb. 2. Einzelne Schritte zur Ableitung der Zugriffsmuster

3.3   Zugriffsmuster des DMAC

Im Vergleich zu den Zugriffsmustern der Funktionen durch die CPU kann bei der Modellierung der örtlichen und zeitlichen DMAC-Zugriffe nicht auf vorhandene Analysewerkzeuge zurückgegriffen werden. Um eine ähnliche Darstellung zu erhalten, können verschiedene aufeinander aufbauende Ansätze verfolgt werden, um eine Obergrenze der Zugriffe des DMAC zu erhalten.

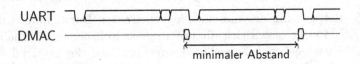

Abb. 3. Minimaler Abstand der Übertragungen basierend auf externen Schnittstellen

Als erster Ansatz dient hierbei das zugrundeliegende Protokoll der EA-Schnittstellen und der DMAC-Konfiguration. Basierend auf den physikalischen Übertragungszeiten der Schnittstellen und der minimalen Größe einer Übertragung lässt sich die Übertragungszeit einer Nachricht ableiten. In Abb. 3 ist der minimale Abstand zwischen zwei UART-Nachrichten dargestellt, bei dem jede eingehende Nachricht durch einen DMA-Transfer in den Hauptspeicher übertragen wird. Werden komplexere Schnittstellen, wie CAN oder Ethernet, verwendet, die eine flexible Datengröße ermöglichen, muss mit der minimal möglichen oder, falls bekannt, mit der minimal genutzten physikalischen Übertragungsgröße, gerechnet werden.

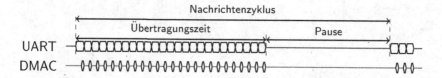

Abb. 4. Minimaler Abstand der Übertragungen basierend auf einem ICD

Als weiterer Ansatz lässt sich die Information aus höheren Protokollen und Schnittellenbeschreibungen mit in die Analyse einbeziehen. In luftfahrttechnischen Anwendungen werden die Schnittstellen üblicherweise in einem Interface Control Document (ICD) beschrieben. Dies ist eine detaillierte Darstellung, die unter anderem das zeitliche Auftreten und die Größe der ein- und ausgehenden Nachrichten auf den involvierten Schnittstellen dokumentiert. Abb. 4 zeigt eine ICD Analyse eines Nachrichtenzyklus, der aus 25 Einzelübertragungen besteht, die innerhalb von einer vorgegebenen Zeit (Übertragungszeit) versendet werden und von einer Pause gefolgt werden. Hierdurch reduzieren sich die möglichen Übertragungen innerhalb einer vorgegebenen Zeitspanne (Nachrichtenzyklus) gegenüber der ersten Analyse.

Auf abstrahierter Ebene verhält sich der DMAC identisch mit dem der CPU, da dieser auch innerhalb einer vorgegebenen Zeitspanne vergleichbar Speicherzugriffe durchführt. Anhand dieser Ergebnisse lässt sich ein vergleichbares abstraktes Modell – wie zuvor bei den Zugriffsmustern der CPU – ableiten.

3.4   Errechnen möglicher Kollisionen und Ableiten der WCET

Durch die Betrachtung der individuellen abstrakten Darstellungen der CPU- und DMAC-Modelle lassen sich die potenziellen Kollisionen innerhalb der aus dem Modell vorgegebenen Zeitschlitze errechnen und die maximal möglichen Kollisionen als Obergrenze errechnen. In einem ersten Schritt wird festgelegt, welche Komponenten miteinander verrechnet werden. In den meisten Fällen wird die CPU und die verbundenen Basic Blocks als Hauptkomponente verwendet. Die Schnittstellen werden als Störfaktor angenommen. Im Anschluss wird jeder Basic Block unabhängig betrachtet und mit den möglichen Störungen verrechnet.

Dazu wird die WCET des jeweiligen Basic Blocks genommen und die maximal möglichen Störungen dieser Zeitspanne je Schnittstelle herausgesucht, vgl. Abb. 5. Anhand der potenziellen Störungen werden in einem nachfolgenden Schritt die tatsächlichen Worst-Case Kollisionen berechnet, die innerhalb dieses Basic Blocks auftreten können. Da jeder Speicherzugriff von Seiten der CPU

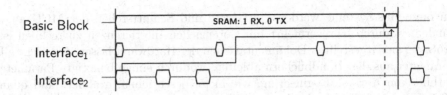

Abb. 5. Errechnen der maximalen Störungen durch asynchrone EA

nur durch eine Störung (oder einer vorgegebenen Anzahl an sequenziellen Störungen, je nach Scheduling des Verbindungsnetzwerkes) gestört werden kann, lassen sich die Worst-Case Kollisionen festlegen.

Werden durch die CPU mehrere Zugriffe induziert, so muss der Analyseprozess iterativ wiederholt werden, vgl. Abb. 6. Hierbei ist zu beachten, dass durch jedes Hinzufügen einer neuen Störung die Worst-Case Laufzeit des Basic Blocks verändert wird und dadurch neue Intervalle für die möglichen Störungen betrachtet werden müssen. In Abb. 6, gekennzeichnet durch die gepunktete Linie, wird nach dem vierten Hinzufügen einer Interferenz eine weitere potenzielle Störung durch das Interface₂ mit in die Analyse aufgenommen, die bei nachfolgenden Iterationen mit in die Berechnung aufgenommen werden muss.

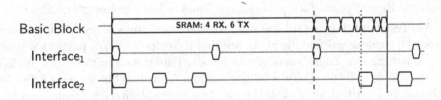

Abb. 6. Änderungen der möglichen Störungen durch die iterative Analyse

Zudem lässt sich an den beiden Beispielen aus Abb. 5 und Abb. 6 erkennen, dass nicht immer eine Verbesserung gegenüber der pessimistischen Abschätzung eintritt. Nur wenn ein Basic Block mehr Zugriffe auf den Speicher tätigt, wie zur gleichen Zeit durch den konkurrierenden DMAC erfolgt, ist eine Reduzierung der errechneten maximalen Störungen möglich.

4 Vorgehensweise

Als Testhardware wird aktuell die MCU Hercules TMS570 verwendet, die für den Einsatz in sicherheitskritischen Systemen entwickelt wurde. Hierbei handelt es sich um ein Dual-Core System, das im Lock-Step läuft, wodurch es sich softwareseitig wie ein Single-Core System verhält. Das interne Verbindungsnetzwerk basiert bei dieser MCU auf zwei unterschiedlichen Crossbar-Switches und einigen Bus-Systemen, die kaskadiert an den Crossbar-Switches angebunden sind.

An diese Bus-Systeme werden die Geräte und Schnittstellen der MCU angebunden, wodurch hier vermehrt mit potenziellen Interferenzen zu rechnen ist. Trotz der bereitgestellten Dokumentationen der Hardware, lassen sich nicht alle Parameter aus den Handbüchern ableiten, wodurch einige benötigte Parameter mithilfe von Reverse Engineering, wie in [5] beschrieben, evaluiert und quantifiziert werden. Für die in den nachfolgend verwendeten Applikationen lassen sich für die Zugriffe auf den SRAM folgende Verzögerungen feststellen: Sowohl der 8-Bit- (UART-DMA Transfer) als auch der 32-Bit-Speicher-Transfer (2x je CAN-DMA Transfer) verzögern den CPU-Transfer zum SRAM im schlimmsten Fall um 4 CPU-Zyklen ($4 * 300\,\text{MHz} \approx 13,3\,\text{ns}$), da der verbaute Crossbar-Switch eine minimale Busbreite je Transfer von 32 bit nutzt.

Um im Laboraufbau eine repräsentative Darstellung der EA-Zugriffe zu erhalten, wird auf das ICD des *Open Inovation Research Demonstrators "SAGITTA"* [8] zurückgegriffen. Dieses ICD beschreibt die verwendeten Schnittstellen (je zwei UART und zwei CAN), die zu erwartenden Daten und deren externes Bus-Schedule. Die beiden CAN Schnittstellen erzeugen Zugriffsmuster, bei denen Nachrichten in einem minimalen Abstand von 178 µs eintreffen und je zwei aufeinanderfolgende 32 bit DMA-Transfers erzeugen. Aus dem ICD lassen sich für die beiden UART-Schnittstellen Zugriffsmuster ableiten, die innerhalb von 1,38 ms je eine einzelne 8 bit Übertragung initiieren. Da die nachfolgend beschriebenen Test-Funktionen nur SRAM-Zugriffe mit dem DMAC teilen, werden nicht benötigte Zugriffspfade für die nachfolge Analyse nicht weiter betrachtet.

Als Test-Funktionen wird auf eine Auswahl von Single-Core WCET-Benchmarks [3] zurückgegriffen, die zuvor auf den Hercules TMS570 portiert wurden. Zur Ableitung der Zugriffsmuster werden die Funktionen mithilfe des WCET-Analyse-Tools *aiT* von *AbsInt* evaluiert und im Anschluss für die asynchrone Berechnung in Zugriffsmuster abstrahieren. Die Auswahlkriterien der untersuchten Benchmarks basieren hauptsächlich auf der Anzahl von Speicherzugriffen zum SRAM und nicht auf der Komplexität des eigentlichen Algorithmus.

Als Referenz wird der pessimistische Ansatz, der üblicherweise aktuell bei DMAC basierten Ansätzen verwendet werden muss, errechnet. Hierfür wird für jeden Datenzugriff und jeden Instruction Cache Miss eine Verzögerung von 4 Zyklen (13,3 ns) angenommen. Diese Annahme erzeugt eine sichere obere Grenze, jedoch muss mit einer Überschätzung gerechnet werden. Für die Beispielfunktionen lässt sich ein Worst Case Slowdown Factor (WCSF) im Bereich von 30 % bis 40 % berechnet (Tabelle 1), welche vergleichbar mit den Resultaten der Publikation [4] sind.

Für den hier neu beschriebenen analytischen Ansatz werden nur die möglichen Kollisionen pro Basic Block berechnet. Dies resultiert in einer realistischeren Abschätzung der Obergrenze im Vergleich zu dem vorher genannten pessimistischen Ansatz. Die Reduzierung der Überschätzung tritt immer auf, solange die Basic Blocks mehr Zugriffe erzeugen, als zur gleichen Zeit durch den DMAC induziert werden können (vergleichbar mit den Beispielberechnungen aus Abb. 5 und Abb. 6). Für die Beispielfunktion *cnt* muss zusätzlich noch eine neue Pfadanalyse durchgeführt werden, da alternative Zweige durchlaufen werden können.

In diesem Fall ist die Auswertung vergleichsweise einfach, da beide Pfade eine identische Anzahl und Größe an Zugriffen induzieren, wodurch keine Änderung des WCET-Pfades auftritt.

5   Ergebnisse und Ausblick

Die Berechnung der WCET mit asynchroner EA durch diesen Ansatz ermöglicht es, eine reduzierte obere Grenze des WCET gegenüber des pessimistischen Ansatzes zu erreichen, vgl. Tabelle 1. Es tritt bei den Beispielfunktionen nur noch WCSF im Bereich von 11 % bis 23 % auf. Hierdurch lässt sich eine Verbesserung im Vergleich zum pessimistischen WCSF zwischen 40 % bei *cnt* und bis zu 67 % bei *matmult* erreichen.

Tabelle 1. Ergebnisse der WCET mit geteilten Ressourcen

Benchmark	konfliktfrei	pessimistisch		analytisch	
bsort100	17,08 ms	23,91 ms	40,0 %	20,30 ms	18,9 %
cnt	9,38 ms	12,99 ms	38,6 %	11,53 ms	22,8 %
matmult	6,302 ms	8,429 ms	33,7 %	6,999 ms	11,1 %

Dieses Konzept ermöglicht es, die Restriktionen der aktuellen statischen WCET-Analyse zu umgeht und den Einsatz von parallelen Zugriffen auf Speicherbereiche durch DMAC zu ermöglicht. Hierzu wird das zu verifizierende Rechensystem zusätzlich auf mögliche interne Interferenzen und deren Auswirkung hin untersucht, und mit den Zugriffsmustern der CPU und dem DMAC kombiniert. Der initiale Mehraufwand, insbesondere bei der Analyse der Hardware, muss je MCU jedoch nur einmal durchgeführt werden. Im Anschluss können diese Informationen für jedes System verwendet werden, das diese MCU einsetzt und ist somit vergleichbar mit dem Initialaufwand zur Integration neuer CPUs in WCET-Tools wie *aiT* von *AbsInt*. Die Überführung der Software und des ICD in die Zugriffsmuster muss für jedes Projekt individuell durchgeführt werden, ist jedoch vom Umfang vergleichbar zu den aktuellen statischen WCET-Analysen.

Mit dem Anstieg der WCET gegenüber konfliktfreien Analysen muss auch bei diesem Konzept gerechnet werden, die jedoch geringer ausfällt als bei pessimistischen Konzepten. Eine Verschlechterung gegenüber dem pessimistischen Ansatz kann nicht auftreten, da maximal jeder Zugriff mit einer entsprechenden Kollision verrechnet wird. Dieses Ergebnis stellt die Obergrenze der Berechnung dar und entspricht der pessimistischen Evaluierung. Bei dem DMA-Betrieb kann jedoch die CPU-getriebenen Verarbeitung der EA in Software wegfallen, wodurch die gesamte WCET der Applikation in vielen Fällen geringer ausfällt und sich dadurch der Mehraufwand rechtfertigt. Zudem kann sich der Zertifizierungsaufwand der Software reduzieren, da das CPU-getriebene Scheduling zur Verarbeitung der EA wegfällt und dadurch einfachere Gesamtsystemstrukturen entstehen.

Um eine weitere Reduzierung der Überschätzung der oberen Grenze zu ermöglichen, können längere, zusammenhängende Bereiche, wie beispielsweise Super Blocks, untersucht werden. Da die in Kapitel 4 gezeigten Zugriffsmuster des DMAC um ein vielfaches größer sind als die untersuchten Basic Blocks, wird der zu erwartende WCSF geringer ausfallen, da die gleiche Anzahl von DMA-Zugriffen auf mehrere Basic Blocks fallen. Zusätzlich lassen sich die potenziellen Konflikte reduzieren, indem Verfahren wie z.B. das Speichern von lokalen Daten in Scratchpad Memory [6] oder das gezielte Cache Prefetching [1] umgesetzt werden.

Da das Konzept auf einer abstrakten Darstellung von Zugriffsmustern basiert, ist die Analysemethode nicht auf MCU mit einer CPU und einem DMAC beschränkt, sondern auch für Multi-Core-Systeme mit dedizierte EA-CPU einsetzbar. Durch den Einsatz von dedizierten EA-CPUs kann die Überschätzung weiter reduziert werden, da auf frei programmierbaren Einheiten definierte Synchronisationsbereiche vorgegeben werden können und somit potenzielle Konflikte nur in definierten Zeitschlitzen auftreten.

Danksagung

Der Autor dankt dem dem Verbundkolleg Mobilität & Verkehr des Bayerischen Wissenschaftsforums (BayWISS) an der Technischen Hochschule Ingolstadt, sowie Airbus Defence and Space und AbsInt Angewandte Informatik GmbH für die Unterstützung dieser Arbeit.

Literaturverzeichnis

1. A. Alhammad, S. Wasly und R. Pellizzoni: Memory efficient global scheduling of real-time tasks. In: 21st IEEE Real-Time and Embedded Technology and Applications Symposium, 2015
2. Europäische Agentur für Flugsicherheit: EASA CM No: EASA CM-SWCEH–001: Development Assurance of Airborne Electronic Hardware, Issue No: 01.
3. J. Gustafsson, A. Betts, A. Ermedahl und B. Lisper: The Mälardalen WCET Benchmarks: Past, Present and Future. In: 10th International Workshop on Worst-Case Execution Time Analysis (WCET 2010)
4. R. Pellizzoni, D. Bach Bui, M. Caccamo und L. Sha: Coscheduling of CPU and I/O Transactions in COTS-Based Embedded Systems. In: 2008 Real-Time Systems Symposium.
5. G. Seifert und P. Hartlmüller: Zeitanalyse in EA-Netzen von Mikrocontrollern mittels Mikrobenchmarks. In: Logistik und Echtzeit, Informatik aktuell, Springer Berlin Heidelberg, 2017.
6. M. R. Soliman und R. Pellizzoni: WCET-Driven Dynamic Data Scratchpad Management With Compiler-Directed Prefetching. In: 29th Euromicro Conference on Real-Time Systems (ECRTS 2017)
7. Special Committee of RTCA: DO-178C, Software Considerations in Airborne Systems and Equipment Certification.
8. A. Zeitler, A. Schwierz und S. Hiergeist: Datalink System Maturation and Flight Testing of the Sagitta UAS Demonstrator. In: 2018 IEEE/AIAA 37th Digital Avionics Systems Conference (DASC)

Ein auf Bluetooth 5.1 und Ultrabreitband basierendes Innenraum-Positionssystem

Jan-Gerrit Jaeger und Dietmar Tutsch

University of Wuppertal
School of Electrical, Information and Media Engineering
Rainer-Gruenter-Str. 21, 42119 Wuppertal, Germany
{jgjaeger,tutsch}@uni-wuppertal.de

Zusammenfassung. In diesem Papier wird ein Innenraum-Positionssystem basierend auf der Bluetooth Low Energy Version 5.1 und der Ultrabreitband-Technologie vorgestellt. Die Fusion ist notwendig, da die einzelnen Technologien alleine keine ausreichend hohe Genauigkeit besitzen. Bei vorherigen Lösungen auf Basis von Bluetooth lag die Genauigkeit im Meterbereich. Somit war es nicht möglich, zuverlässig in der Größenordnung von Innenräumen, Positionen zu bestimmen.
Durch Einsatz der Sensorfusion erzielt das System genauere Ergebnisse, da unterschiedliche Methoden zur Bestimmung der Position verwendet werden. Die Positionsbestimmung durch UWB geschieht mittels der Signallaufzeit zwischen den Antennen und einer anschließenden Trilateration. Bei BL 5.1 erfolgt die Positionsbestimmung mithilfe der Triangulation, dafür wird der Angle of Arrival bestimmt. Dies beschreibt den Eintrittswinkel mit dem das Signal auf die Antenne trifft. Für die Sensorfusion wird der erweiterte Kalman-Filter verwendet, aufgrund der Nichtlinearität des Systems ist dies notwendig.

1 Einleitung

Durch den fortschreitenden Einsatz von Robotik in Innenräumen steigt die Nachfrage nach immer robusteren und genaueren Innenraum-Positions-Systemen (IPS), die vorhandenen globalen Navigationssatellitsysteme bieten in geschlossenen Räumen keine ausreichend zuverlässigen Positionsdaten. Bisherige IPS basieren häufig auf der Ultrabreitband-Technologie, dabei wird mittels Signallaufzeit der Abstand zwischen Sender und Empfänger berechnet. Durch Dämpfung und Mehrwegempfang ist eine Positionsfindung je nach Raumanordnung erschwert, daher genügt die reine UWB-Technologie nicht für eine hochgenaue Positionierung. Aus diesem Grund sind weitere Sensoren notwendig, dabei bieten sich Sensoren an, die auf einer anderen Lokalisierungsmethode basieren. Dadurch werden fehlerhafte Messungen entfernt oder minimiert. Die Ortung mittels Bluetooth 5.1 basiert auf dem Eintrittswinkel der Signale. Wenn mehrere Antennen-Arrays verwendet werden, kann durch Triangulation eine Positionsbestimmung durchgeführt werden. Ein IPS basierend auf UWB und BL ist echtzeitfähig, nur so können Kollisionen von beweglichen Robotern verhindert werden. Zur Sensorfusion wird der erweiterte Kalman-Filter verwendet.

Bei dem erstellten System erfolgt die Lokalisierung in der zweidimensionalen Ebene. Das System kann durch weitere Antennen für die dreidimensionalen Positionsermittlung erweitert werden. Das zu ortende Objekt (Tag) benötigt eine Antenne für die UWB-Verbindung und eine Antenne für die BL 5.1 Verbindung. Zusätzlich werden im Raum mindestens drei UWB-Anchor mit jeweils einer Antenne und zwei BL 5.1 Anchor mit jeweils mindestens zwei Antennen benötigt. Die Kommunikationen mit den Modulen und die Berechnung der Position erfolgt durch den Mikrocontroller Arduino.

2   Funktionsweise der Positionsbestimmung

2.1   Trilateration

Bei der Trilateration wird mithilfe der Entfernungsmessung zwischen verschiedenen Antennen die Position bestimmt. Die Messungen müssen im gleichen Zeitintervall durchgeführt werden. Für eine zweidimensionale Ortung werden drei Antennen (Anchor) benötigt. Die Position der Anchor muss bekannt sein. Abbildung 1 zeigt die optimale zweidimensionale Ortung. Dabei entsprechen die Radien der einzelnen Kreise der Entfernung zum Tag. Die Entfernung zwischen den Antennen kann mittels der Signallaufzeit (Time of Arrival) errechnet werden. Bei Time of Arrival wird die Ankunftszeit eines empfangenen Signals gemessen. Zuvor wurde das Signal bei der Aussendung mit der Sendezeit versehen. Über die Verzögerung kann der Abstand bestimmt werden.

Durch Dämpfung und Mehrwegempfang gibt es in Realität keinen eindeutigen Schnittpunkt der Kreise. Aus diesem Grund muss durch verschiedene Algorithmen eine Positionsabschätzung erfolgen.

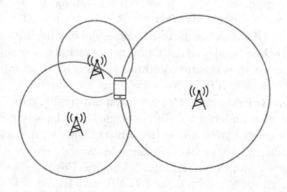

Abb. 1. Trilateration mit Hilfe von drei Antennen [5]

2.2   Triangulation

Im Gegensatz zur Trilateration sind bei der Triangulation zwei Winkel zum beweglichen Objekt (Tag) gegeben. Dabei sind die Positionen, an denen die Winkel gemessen wurden, bekannt. Darüber hinaus wird als dritte Größe eine Seitenlänge benötigt. Die benötigte Länge ist in Abbildung 2 der Abstand zwischen den beiden Antennen, welche jeweils über den Winkel auf das bewegliche Objekt gerichtet sind. Hier wird der Schnittpunkt der Winkel gebildet.

Es gibt zwei Methoden der Winkelbestimmung. Zum einen Angle of Arrival (AoA) und zum anderen Angle of Departure (AoD). Bei AoA besitzt der Empfänger ein Antennenarray, um das Signal an mehreren Punkten messen zu können. Der Sender hat dementsprechend nur eine Antenne. Das Signal kommt beim Empfänger an jeder Antenne des Arrays zeitversetzt an, so dass die Phasendifferenz des gemessenen Signals zu einem Winkel umgerechnet werden kann. Der AoA Mechanismus berechnet also den Phasenunterschied ψ zwischen den Antennen, um den Ankunftswinkel θ zu bestimmen. Die Formel lässt sich folgend definieren:

$$\Theta = arccos(\frac{\lambda\psi}{2\pi d})$$

Dabei ist λ die Wellenlänge des Signals und d der Abstand zwischen den einzelnen Antennen. Der Abstand d spielt dabei eine wichtige Rolle und muss bestimmte Bedingungen erfüllen, um aliasing Phänomene zu verhindern. Damit dies nicht passiert, muss $d < \frac{\lambda}{2}$ sein. Anders als bei AoA besitzt bei AoD der Sender das Antennenarray. Die Berechnung bleibt jedoch seitens des Empfängers erhalten. Der Ankunftswinkel, welcher durch AoA beschrieben wird, ermittelt hierbei der Empfänger. Bei AoA benötigt der Empfänger deshalb mindestens zwei Antennen. Der Zusammenschluss aus mehreren Antennen wird auch als Antennenarray bezeichnet. Die Bestimmung des Abflugwinkels wird durch die AoD Methode beschrieben. Es ist dabei im Gegensatz zu AoA erforderlich, dass der Sender mindestens zwei Antennen besitzt. Um nicht jedes Gerät mit einem Antennenarray auszustatten ist es für diese Anwendung sinnvoller. Dadurch kann die benötigte Modulgröße des Tags verringert werden.

3   Hardware

3.1   DWM3000-Module

Das UWB-Modul basiert auf dem DW3000-Chip von der Firma DecaWave. Diese Module besitzen eine UWB-Keramikantenne, einen eigenen integrierten Schaltkreis (IC) und einen Quarz als Taktgeber. Durch den geringen Stromverbrauch ist eine Versorgung über einen Akkumulator möglich, dies ist bei normaler mobiler Verwendung notwendig. Unterstützt werden die UWB-Kanäle 5 (6,5 GHz) und 9 (8 GHz), somit ist ein weltweiter Einsatz möglich. Die Kommunikation mit dem Modul erfolgt über das Serial Peripheral Interface (SPI). Die Module können nicht nur zur Bestimmung der Signallaufzeit eingesetzt werden, sondern auch zum Austausch von Daten. Dadurch können die Positionen der Anchor

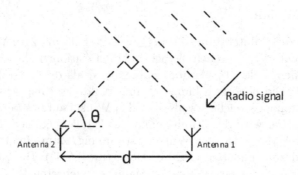

Abb. 2. Antenne Array auf der Empfangsseite [5]

oder die berechnete Position der Tags übermittelt werden. Der Hersteller gibt eine Genauigkeit von bis zu $10cm$ an [4] [3].

3.2 Bluetooth 5.1 Module

Die Antennenarrays werden in Verbindung mit dem Texas Instruments Mikro-controller CC2652R verwendet, welcher auf dem Prototypen Board LAUNCHXL-CC26X2R1 sitzt. Es wird seitens Texas Instruments zwischen Master, Passive und Slave unterschieden. Der Slave ist dabei das bewegliche Objekt (Tag), von welchem aus der Winkel bestimmt werden soll. Der Master wie auch der Passive besitzen das Antennenarray. Es gibt verschiedene Möglichkeiten diese zu verwenden. Hier werden sowohl Master als auch Passive gleichzeitig verwendet. Dies ermöglicht es, dass sowohl der Master als auch der Passive gleichzeitig einen Winkel bestimmen können. Für die Kommunikation zum Slave ist in dieser Konstellation der Master zuständig. [9]

Die Antenne besteht aus zwei orthogonalen linearen Antennenarrays, mit jeweils drei Dipol-Antennen, wie in Abbildung 3 zu erkennen. Wobei jede Antenne laut Hersteller einen Bereich von $-90°$ bis $90°$ abdeckt und beide zusammen durch die Überschneidung einen Bereich von $-135°$ bis $135°$ abdecken. Bei den Antennen handelt es sich um $\frac{\lambda}{4}$-Dipole. Also hat ein Dipol auf der Antenne eine Länge von ungefähr $30,74mm$. Als Schnittstelle dient der Universal Asynchronous Receiver Transmitter (UART). Die größte durchschnittliche Abweichung bei einer Entfernung von $2,8m$ soll laut Hersteller weniger als $4°$ betragen [7] [8].

4 Sensorfusion

Sowohl das Ultrabreitband-Lokalisierungssystem als auch das BL 5.1 System liefern eine absolute Position in Abhängigkeit zum Referenzsystem. Eine Bewegung des Tags kann nur durch den Vergleich der aktuellen Messung mit der vorherigen Messung erkannt werden. Die Fusion der Sensordaten soll auf einem

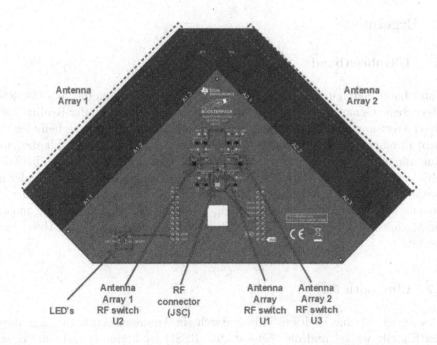

Abb. 3. Antennen Array auf der Empfangsseite

Mikrocontroller erfolgen, dadurch ist sowohl die Rechenleistung als auch die mögliche Speichermenge stark begrenzt. Dies schränkt die Auswahl der verfügbaren Fusionsalgorithmen ein. Der Kalman-Filter liefert auch bei diesen begrenzten Ressourcen stabile Ergebnisse. Der klassische Kalman-Filter wird auch als linearisierter Kalman-Filter bezeichnet, dabei handelt es sich um einen Schätzalgorithmus. Der neue Zustand wird nicht nur aus der Messung bestimmt, sondern durch eine Rechnung. Die Informationen aus dem vorherigen Zeitintervall werden mit den aktuellen Sensordaten zu einem neuen Zustand fusioniert. Im Bereich der Zustandsschätzung kann kein anderer Filter bessere Ergebnisse erzielen, der Schätzwert besitzt die kleinste Varianz. Das Lokalisierungssystem aus den beiden Verfahren ist zusätzlich nicht linear, aus diesem Grund kann der linearisierte Kalman-Filter nicht zur Fusion verwendet werden. Der Extended-Kalman-Filter löst diesen Umstand durch Linearisierung. Dies geschieht durch die Taylor-Approximation der Kovarianz. Der Filter glättet durch seine Eigenschaften auch Messwertausreißer die in beiden Systemen auftreten. Eine neue Positionsabschätzung wird alles $200ms$ durchgeführt, solange benötigt das BL 5.1 System für eine neue Positionsbestimmung. Die Ergebnisse beider Systeme sind fehlerbehaftet. Für den Sensormessfehler kann eine Standardabweichung erstellt werden.

5   Ergebnisse

5.1   Ultrabreitband

Unter Laborbedingungen erreicht das Ultrabreitband-System die vom Hersteller angegebene Genauigkeit von $10cm$ zwischen zwei Modulen. In der Realität kann dieser Wert nur selten erreicht werden, denn die Abstandsmessung befinden sich nicht durchgehend im optimalen Messbereich. Zusätzlich werden für die zweidimensionale Ortung mindestens drei Module, die als Anchor dienen, benötigt. Objekte zwischen den Modulen führen zu einer erkennbaren Dämpfung, der gemessene Abstand steigt dadurch. Messungen in der Nähe von Wänden oder des Bodens können einen Mehrwegempfang erzeugen. Vor der Benutzung müssen die Module rekalibriert werden, da jedes UWB-Modul eine eigene Abweichung besitzt.

5.2   Bluetooth 5.1

Theoretisch ist eine Positionsfindung durch ein Antennen-Array möglich, durch den Eintrittswinkel und die Signalstärke (RSSI) kann eine Berechnung durchgeführt werden. Bei diesem Messverfahren beträgt die Ungenauigkeit im Mittel $65cm$, und ist damit wesentlich höher als bei der Ortung durch zwei Bluetooth-Module. Entscheidend ist bei beiden Methoden die Abweichung des gemessenen Winkels zum realen Eintrittswinkel. Hierbei zeigen sich wie in Tabelle 1 dargestellt große Schwankungen. Die optimale Messbereich liegt zwischen $0°$ und $60°$. Für den Testaufbau wurden beide Module mit $2m$ Abstand auf einer Linie positioniert. Laut Hersteller kann nur eines der beiden Antennenarrays pro Modul verwendet werden. Bei Verwendung des rechten Antennenarrays ist das gleiche Verhalten wie für das linke Antennenarray erkennbar. Im optimalen Messbereich konnte eine Genauigkeit von $20cm$ erreicht werden, an den Rändern des Bereichs sank die Genauigkeit im Mittel auf $40cm$. Je nach Anwendung des Systems sollte zwischen weichen und harten Zeitbedingungen unterschieden werden.

Im Falle der Positionierung sind weiche Zeitbedingungen ausreichend. Denn bei der Positionierung verändert sich der Standort nicht kontinuierlich, bzw. nur so langsam, dass die Antwort nicht innerhalb eines kurzen Augenblicks eintreffen muss. Grundsätzlich wird von dieser Anwendung ausgegangen. Die Aktualisierung der Position geschieht, bei erfolgreichem Empfang der Signale, alle $200ms$.

Phasenverschiebung Auffällig war bei der Verwendung der Module von Texas Instruments eine Phasenverschiebung. Die Dipolantennen sind für die Mitte des Bluetooth Frequenzspektrums angepasst worden, welche bei $2,44GHz$ liegt und haben eine Länge von $30,8mm$. Entsprechen also einer $\frac{\lambda}{4}$-Dipolantenne. Die Basisfrequenz des ersten Kanals zur Datenübertragung liegt bei $2,404GHz$, was eine Wellenlänge von $124,792mm$ ergibt. Die Kanäle werden beginnend mit der 0

Winkel	Messreihe 1	Messreihe 2	Messreihe 3
$-90°$	$83,53°$	$91,26°$	$92,65°$
$-75°$	$68,15°$	$87,15°$	$98,08°$
$-60°$	$51,74°$	$52,16°$	$48,75°$
$-45°$	$8,3°$	$3,32°$	$5,16°$
$-30°$	$31,47°$	$35,32°$	$38,86°$
$-15°$	$15,31°$	$12,92°$	$11,7°$
$0°$	$0,8°$	$1,61°$	$2,35°$
$15°$	$4,67°$	$3,99°$	$4,03°$
$30°$	$1,45°$	$2,03°$	$1,39°$
$45°$	$2,29°$	$1,36°$	$1,95°$
$60°$	$4,66°$	$5,08°$	$5,28°$
$75°$	$7,11°$	$9,9°$	$8°$
$90°$	$7,68°$	$6,84°$	$8,69°$

Tabelle 1. Abweichung des gemessenen Winkels

bis 39 nummeriert. Der letzte Kanal hat eine Basisfrequenz von $2,478GHz$. Aufgrund dieser Abhängigkeit macht sich diese Frequenzabhängigkeit in den Ergebnissen bemerkbar. So liegen die Messungen, welche näher am Sollwert liegen im Bereich der niedrigen Kanäle. Da die Position mithilfe zweier Winkel bestimmt wird, ist die Genauigkeit der Positionsermittlung von der Messgenauigkeit der Eintrittswinkel abhängig. Das Frequenzsprungverfahren ist ein Bluetooth Mechanismus zur Reduzierung von Kollisionen und Interferenzen zu anderen Quellen wie beispielsweise WLAN. Es kann aktuell seitens Texas Instruments nicht ohne weiteres nur auf bestimmten Kanälen gesendet werden. Jedoch wäre auch bei Festlegung auf bestimmte Kanäle die Wahrscheinlichkeit für Kollisionen und Interferenzen höher. Die Auswirkung der Störquellen ist nicht zu vernachlässigen, weshalb dies nicht unbedingt eine Lösung ist. Laut Texas Instruments soll die Frequenzabhängigkeit über die Winkelkompensation ausgeglichen werden können. Dafür werden die gemessenen Werte abhängig von ihrem Kanal anhand von ermittelten Laborwerten bearbeitet. Unter anderen Bedingungen scheint diese Kompensation jedoch nicht den erhofften Effekt zu bringen [1] [6] [10].

6   Zusammenfassung und Ausblick

Die Verwendeten Lösungen besitzen unterschiedliche Stärken und Probleme. Eine hochgenaue Positionsbestimmung ist jedoch nur unter bestimmten Voraussetzungen möglich. Es müssen bestimmte Kriterien erfüllt sein, da die Angle of Arrival Technologie aufgrund ihrer festgestellten Eigenschaften nicht in allen Punkten optimal ist. Die meisten Messreihen wurden im Stillstand durchgeführt. Aus den Messungen ging auch hervor, dass die Ausrichtung im Raum eine große Rolle für die Genauigkeit spielt. Ebenfalls soll diese Technologie für komplizierte

Raumstrukturen genutzt werden. Die ersten Ergebnisse der Fusion zeigen gerade im Stillstand eine Verbesserung der Ergebnisse. Auftretende Messausreißer fallen so weit weniger in die Positionsermittlung. Weitere und größere Messreihen sind notwendig um die Verbesserung durch die Sensorfusion zu quantifizieren.

Zukünftige Forschungen könnten sich der Nutzung von unterschiedlichen Antennenanordnungen widmen. Es wäre zu klären, ob eine Vielzahl von Antennen die Genauigkeit des Systems erhöhen und Reflexionsprobleme verringert werden können. Weitere Lösungsansätze wären in der Betrachtung der Strahlungscharakteristik in Anbetracht auf die winkelabhängige Genauigkeit zu suchen. Bei dem Einsatz von weiteren Antennen-Arrays muss eine sinnvolle Auswahl getroffen werden, damit die Arrays im optimalen Messbereich arbeiten können.

Literaturverzeichnis

1. Bluetooth Core Specification 5.2: Webseite, `https://www.bluetooth.org/docman/handlers/downloaddoc.ashx?doc_id=478726`, letzter Aufruf 26. August 2021
2. Bluetooth SIG: Webseite `https://www.bluetooth.com/de/`, letzter Aufruf 25. August 2021
3. DWM3000 Datasheet: `https://www.decawave.com/wp-content/uploads/2021/01/DWM3000-Datasheet-1.pdf`, letzter Aufruf 26. August 2021
4. DW3000 Product Brief: `https://www.decawave.com/wp-content/uploads/2020/11/Qorvo_DWM3000_Product_Brief.pdf`, letzter Aufruf 26. August 2021
5. RTLS Toolbox Webseite, `https://dev.ti.com/tirex/content/simplelink_cc13x2_26x2_sdk_4_30_00_54/docs/ble5stack/ble_user_guide/html/ble-stack-5.x-guide/localization-index-cc13x2_26x2.html#rtls-toolbox`, letzter Aufruf 26. August 2021
6. Technical Overview Webseite, `https://www.bluetooth.com/wp-content/uploads/Files/developer/1903_RDF_Technical_Overview_FINAL.pdf`, letzter Aufruf 26. August 2021
7. Texas Instruments: Angle of Arrival User Guide, `https://dev.ti.com/tirex/explore/node?a=pTTHBmu__4.30.00.54&node=AHYhhuDNTaRXzk0lahOlvA__pTTHBmu__4.30.00.54`, letzter Aufruf 26. August 2021
8. Texas Instruments: Bluetooth Angle of Arrival (AoA) Antenna Design, `https://www.ti.com/lit/an/tida029/tida029.pdf`, letzter Aufruf 26. August 2021
9. Texas Instruments: LAUNCHXL-CC26X2R1, `https://www.ti.com/tool/LAUNCHXL-CC26X2R1`, letzter Aufruf 26. August 2021
10. Understanding Reliability, `https://www.bluetooth.com/wp-content/uploads/2020/10/EN-Understanding_Reliability.pdf`, letzter Aufruf 26. August 2021

Hardware-Beschleuniger für automobile Multicore-Mikrocontroller mit einer harten Echtzeitanforderung

Christian Böttcher[1], Philipp Jungklass[1] und Mladen Berekovic[2]

[1] Ingenieurgesellschaft Auto und Verkehr GmbH, 38518 Gifhorn
`christian.boettcher@iav.de`
`philipp.jungklass@iav.de`
[2] Universität zu Lübeck, Institut für Technische Informatik, 23562 Lübeck
`berekovic@iti.uni-luebeck.de`

Zusammenfassung. In sicherheitskritischen Systemen mit einer harten Echtzeitanforderung in automobilen Anwendungen steigt der Bedarf an Rechenleistung stetig an. Um dieser zunehmenden Nachfrage gerecht zu werden, haben die Hersteller entsprechender Mikrocontroller in den letzten Jahren vorwiegend die Anzahl der Prozessorkerne erhöht. Durch dieses Vorgehen ist es möglich, die Funktionalitäten verschiedener Steuergeräte in einem zentralen Integrationssteuergerät zusammenzuführen, woraus sich Vorteile beim Energieverbrauch, dem Bedarf an Bauraum sowie bei den Herstellungskosten ergeben. Dabei ist jedoch zu beachten, dass bei der Kombination von Funktionalitäten unterschiedlicher Kritikalität die Rückwirkungsfreiheit bei Laufzeit und Speicher gegeben sein muss. Dies stellt eine Herausforderung dar, da bei konkurrierenden Zugriffen auf geteilte Ressourcen, wie Bussysteme, Speicher oder Peripherien, Wartezeiten entstehen können. Die Komplexität der Bewertung dieser Verzögerungen und der damit verbundenen Auswirkungen steigt mit der Anzahl der Prozessorkerne stetig an, weswegen die Integration weiterer Kerne für zukünftige Leistungssteigerungen nur bedingt geeignet ist. Eine Alternative stellen Hardware-Beschleuniger dar, welche häufig genutzte Operationen signifikant schneller ausführen können. Deshalb wird in diesem Artikel eine Übersicht zu den derzeit am Markt befindlichen Hardware-Beschleunigern für sicherheitskritische Echtzeitsysteme in automobilen Anwendungen gegeben. Neben dieser Übersicht werden Sicherheitsanforderungen sowie eine Klassifizierung zur besseren Gruppierung vorgeschlagen und erörtert. Abschließend werden Empfehlungen für zukünftige Hardware-Beschleuniger gegeben und deren potentielle Einsatzmöglichkeiten diskutiert.

1 Motivation

Der Bedarf an Rechenleistung in sicherheitskritischen Echtzeitsystemen im automobilen Umfeld steigt seit Jahren stetig an. Die Hauptgründe für diese Entwicklung sind zum einen die Bereitstellung neuer Funktionalitäten, wie beispielsweise Fahrerassistenzsysteme, aber auch der Trend zu Integrationssteuergeräten, welche eine Vielzahl von Funktionen und Diensten in einem Mikrocontroller zusammenfassen [19]. Dieser Leistungsbedarf wurde in den letzten Jahren primär über die Erhöhung der Anzahl der Prozessorkerne durch die Hersteller solcher Multicore-Mikrocontroller gedeckt [6]. Dabei hat sich jedoch gezeigt, dass gerade in automobilen Systemen für sicherheitskritische Anwendungen die Berücksichtigung weiterer Kerne mit einem hohen Aufwand bei der Zulassung einhergeht. Dieser Umstand ist darauf zurückzuführen, dass durch zusätzliche Prozessorkerne die Gefahr für eine gegenseitige Beeinflussung ansteigt [13]. Aus dieser Beeinflussung können Laufzeitanomalien entstehen, welche im schlimmsten Fall für das Nichteinhalten von Zeitzielen verantwortlich sind, was als Versagen eines Echtzeitsystems gilt [18]. Einen alternativen Ansatz zur Leistungssteigerung stellt spezialisierte Hardware dar, welche häufig genutzte Berechnungen signifikant schneller ausführen kann und das Gesamtsystem entlastet. Dabei ist jedoch zu beachten, dass diese Hardware-Beschleuniger für sicherheitskritische Anwendungen ebenfalls die hohen Sicherheitsstandards erfüllen müssen, welche an die zu beschleunigende Aufgabe gestellt werden. Das Ziel dieses Artikels ist es daher eine Übersicht der am Markt befindlichen Beschleuniger für automobile Echtzeitsysteme zu geben. Zu diesem Zweck werden zu Beginn verwandte Arbeiten zu diesem Thema diskutiert sowie der grundlegende Aufbau von Multicore-Mikrocontrollern für sicherheitskritische Systeme beschrieben und die Gründe für die potentiellen Laufzeitanomalien herausgearbeitet. Im Folgenden werden die in diesem Artikel verwendeten Begrifflichkeiten definiert und die Anforderungen aufgeschlüsselt, welche an Hardware-Beschleuniger für sicherheitskritische Systeme gestellt werden. Zur besseren Unterscheidung wird im Anschluss eine neue Klassifizierung für die unterschiedlichen Beschleuniger vorgeschlagen und diskutiert. In dem sich anschließenden Abschnitt wird auf Basis der beschriebenen Klassen eine Übersicht der am Markt befindlichen Hardware-Beschleuniger gegeben. Abschließend wird die Anwendbarkeit von solchen Beschleunigern in automobilen Echtzeitsystemen diskutiert und Vorschläge für zukünftige Implementierungen erörtert.

2 Stand der Technik

Der Einsatz von spezialisierten Hardware-Beschleunigern für ausgewählte Anwendungen zur Reduzierung der Ausführungszeit erfolgt schon seit mehreren Jahrzehnten. Dabei ist zu beobachten, dass die Anzahl der unterschiedlichen Beschleuniger im Bereich der sicherheitskritischen Echtzeitsysteme für automobile Anwendungen in den letzten Jahren signifikant gestiegen ist. Dieser Trend ist darauf zurückzuführen, dass bisherige Ansätze zur Leistungssteigerung an technologische Grenzen stoßen. So können die Taktraten der Mikrocontroller nur noch bedingt gesteigert werden, da die daraus resultierende Abwärme ein Problem darstellt [22]. Auch die fortschreitende Verkleinerung der Halbleiterstrukturen kann nur eingeschränkt genutzt werden, da mit fortschreitender Miniaturisierung auch die Anfälligkeit gegenüber äußeren Einflüssen zunimmt. Dies stellt gerade in sicherheitskritischen Anwendungen einen wesentlichen Nachteil dar, welcher nur bedingt tolerierbar ist [8]. Neben der Robustheit ist eine weitere Anforderung an Echtzeitsysteme der Determinismus, weswegen moderne Ansätze zur Leistungssteigerung, wie beispielsweise spekulatives Laden, spekulative Ausführung oder lastabhängige Taktraten, nur eingeschränkt verwendet werden können [4]. Aus diesem Grund haben die Hersteller entsprechender Mikrocontroller mit der Integration weiterer Prozessorkerne in die Systeme begonnen, wodurch die Rechenleistung signifikant gesteigert wird. Dabei muss jedoch berücksichtigt werden, dass durch die Integration zusätzlicher Prozessorkerne das Risiko von konkurrierenden Zugriffen ansteigt, welche wiederum einen Einfluss auf die Echtzeitfähigkeit haben können [13]. Aufgrund der genannten Einschränkungen stellen Hardware-Beschleuniger eine potentielle Alternative zur Steigerung der Ausführungsgeschwindigkeit dar.

Die Integration von Hardware-Beschleunigern erfolgt bei den derzeit am Markt erhältlichen Multicore-Mikrocontrollern für sicherheitskritische Anwendungen herstellerübergreifend nach einem vergleichbaren Vorgehen. Der Grund dafür besteht darin, dass sich der gesamte Aufbau sehr stark ähnelt, welcher in Abbildung 1 dargestellt ist.

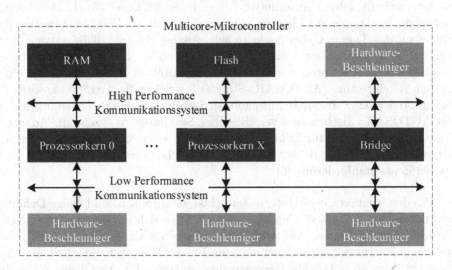

Abb. 1. Aufbau eines Multicore-Mikrocontrollers für Anwendungen mit einer harten Echtzeitanforderung [14]

Je nach Hersteller und Derivat unterscheiden sich die Mikrocontroller in der Anzahl ihrer Prozessorkerne sowie in deren zugrundeliegender Architektur. Während beispielsweise bei der Infineon AUtomotive Realtime Integrated NeXt Generation Architecture (AURIX) Mikrocontrollerfamilie die TriCore-Architektur zum Einsatz kommt, nutzen Hersteller wie NXP oder ST Prozessorkerne auf Basis der Power-Architektur [9] [21] [17]. Die Anbindung der Prozessorkerne sowie der Speicher im System erfolgt über ein hoch performantes Kommunikationssystem, welches in der Regel auf einer Crossbar basiert. Der Vorteil einer Crossbar liegt in der Möglichkeit parallele Übertragungen zwischen unterschiedlichen Kommunikationspartnern zu realisieren. Neben den Speichern und den Prozessorkernen werden zusätzlich leistungsstarke Hardware-Beschleuniger mit einer hohen Speicherinteraktion über die Crossbar angebunden. Neben der Crossbar existieren in Multicore-Mikrocontrollern zusätzlich leistungsschwächere, interne Kommunikationssysteme, welche zur Anbindung von Hardware-Beschleunigern mit geringerer Speicherinteraktion genutzt werden. Die Realisierung dieser leistungsschwächeren Kommunikationssysteme erfolgt hauptsächlich über Bussysteme, welche im Gegensatz zu den Crossbars ausschließlich sequentielle Übertragungen unterstützen [14]. Für den Einsatz in sicherheitskritischen Systemen ist es im Automobilbau erforderlich, dass die Mikrocontroller nach der Norm ISO 26262 umgesetzt und zertifiziert sind. In dieser Norm werden die Anforderungen an die funktionale Sicherheit beschrieben, wobei zur Einteilung fünf Kategorien verwendet werden. Je nach Schweregrad einer potentiellen Fehlfunktion in Relation zu der entsprechenden Auftrittswahrscheinlichkeit sowie der Beherrschbarkeit erfolgt die Eingruppierung in die fünf Kategorien [11]. Für diesen Artikel werden ausschließlich Multicore-Mikrocontroller betrachtet, welche das höchste Sicherheitslevel Automotive Safety Integrity Level (ASIL) D erreichen. Neben der funktionalen Sicherheit existiert seit 2021 die ISO 21434, welche den Fokus auf das Thema Cyber-Security legt. Analog zur ISO 26262 werden ebenfalls Schadensgruppen zur Klassifizierung angewendet [12]. Ein weiterer wichtiger Aspekt von Mikroprozessoren ist die Kompatibilität zum AUTomotive Open System ARchitecture (AUTOSAR)-Standard, welcher die Architektur sowie die Schnittstellen der Software in automobilen Systemen definiert. Dabei unterscheidet AUTOSAR zwischen zwei verschiedenen Standards. Während die Adaptive-Plattform vorwiegend für Mikroprozessoren mit einem Service-orientierten Ansatz entwickelt wurde, richtet sich die Classic-Plattform an Systeme mit einer harten Echtzeitanforderung [6].

Um den Kontext dieser Untersuchung klar zu umreißen, sind einige Definitionen notwendig. Bei einem Coprozessor handelt es sich um einen spezialisierten Prozessor für bestimmte Aufgaben [23]. Sie können als Prozessoren mit unabhängigem Instruktionsstrom oder auch als Teil des Hauptprozessorinstruktionstroms in Form einer Befehlssatzerweiterung auftreten [1]. Als Gegensatz zu den Coprozessoren, die eine Erweiterung und Entlastung des Hauptprozessor erzielen sollen, implementieren Akzeleratoren einzelne oder Gruppen von Algorithmen besonders effizient. Sie sind nicht direkt in den Instruktionsstrom eingebunden und werden über Register gesteuert. Prozessoren und Coprozessoren enthalten zumeist Akzeleratoren für verschiedenste Algorithmen wie Quadratwurzeln oder Multiplikationen. Diese als Befehlssatzerweiterung zu betrachtenden Akzeleratoren sind allerdings nicht Teil dieses Artikels. Neben Coprozessoren und Akzeleratoren gibt es noch viele weitere Subsysteme in aktuellen Mikrocontrollern, die unter dem Begriff Peripherien zusammengefasst werden können. Sie teilen häufig Eigenschaften mit Akzeleratoren oder Coprozessoren, dienen aber der Kommunikation und Interaktion mit der Umwelt.

3 Anforderungen an Hardware-Beschleuniger

Im Bereich des Requirements Engineerings wird zwischen funktionalen und nicht-funktionalen Anforderungen unterschieden. Vereinfacht gesagt beschreiben funktionale Anforderungen, zu was das System unter bestimmten Voraussetzung fähig wäre oder wie es sich verhalten soll. Nicht-funktionale Anforderungen hingegen sind schwieriger abzugrenzen und beschreiben wiederum wie ein System Funktionalitäten umsetzen soll oder welche Eigenschaften ein System hat. Beispielhaft für nicht-funktionale Anforderungen seien hier die Qualität, Genauigkeit, Performanz oder das Zeitverhalten genannt [7]. Wenn die Anforderungen an ein System oder Teilsystem gestellt werden, steht häufig der funktionale Aspekt im Vordergrund. Aus Kunden- oder Anwendersicht ist diese Herangehensweise sinnvoll und verständlich. Aus Sicht der Implementierung sind die nicht-funktionalen Anforderungen oftmals die Ursache für ausgeprägte Komplexitätszuwächse [16]. Daher und auf Grund des breiten Anwendungsspektrums von Multicore-Mikrocontrollern wird hier auf eine Betrachtung der funktionalen Anforderungen verzichtet.

Gemäß [15] lassen sich nicht-funktionale Anforderungen in Zeit-, Verlässlichkeits-, Sicherheits- (Safety und Security), Nutzbarkeits- und Wartbarkeitsanforderungen unterteilen. Bei Hardware-Beschleunigern können Anforderungen an die Wartbarkeit vernachlässigt werden, da die Hardware nach der Entscheidung für einen Mikrocontroller als gegeben gilt und somit nicht veränderlich ist. Jedoch lassen sich Anforderungen an die Wartbarkeit der Programmierschnittstelle des Hardware-Beschleunigers stellen. Daher werden hier Wart- und Nutzbarkeit zur Vereinfachung zusammengefasst. Spezielle Anforderungen, die sich aus sicherheitskritischen Anwendungen ergeben, werden unter Verlässlichkeit geführt, da die Safety keine direkte Eigenschaft des Systems automobiler Mikrocontroller ist, sondern nur besondere Anforderungen an diesen stellt [11].

Um den Anspruch einer semiformalen Formulierung für Safety-Anforderungen zu erfüllen, wird die MASTeR-Schablone der SOPHISTen verwendet [20]. Da die betrachteten Hardware-Beschleuniger stets Teil des Gesamtsystems Mikrocontroller sind, wird hier die Formulierung Subsystem vorgezogen. Tabelle 1 zeigt die Anfoderungen an die Hardware-Beschleuniger.

4 Kategorisierung von Hardware-Beschleunigern

Obwohl die beschriebenen Anforderungen für alle Hardware-Beschleuniger gelten, lassen sie sich, wie in Tabelle 2 geschehen, in verschiedene Kategorien einteilen. Coprozessoren haben dabei das Alleinstellungsmerkmal, dass sie eigenständig Code ausführen. Das reduziert die Abhängigkeiten zu anderen Subsystemen oder Kernen auf Zugriffe auf geteilte Ressourcen. Simple Beschleuniger hingegen sind auf den Instruktionsstrom eines Prozessors oder Coprozessors direkt angewiesen, da sie ausschließlich sehr spezialisierte Teilaufgaben übernehmen können und über Register gesteuert werden müssen. Peripherien teilen diese Eigenschaft, da auch sie angesteuert werden müssen, aber sie verfügen über digitale

Tabelle 1. Anforderungen an Hardware-Beschleuniger

Anforderungsart	Anforderungen
Zeitliche / Ressourcen-bezogene Anforderungen	Das Zeitverhalten des Subsystems muss deterministisch sein.
	Die Aktivierungszeit des Subsystems muss geringer oder gleich der Ausführungszeit einer vergleichbaren Software-implementierung sein.
	Das Verhalten des Subsystems muss vorhersagbar sein [4].
	Die Latenz und die Interferenz bei Ressourcenzugriffen müssen geringer oder gleich einer vergleichbaren Softwareimplementierung sein.
Anforderungen an die Verlässlichkeit	Die FIT-Rate des Subsystems muss kleiner oder gleich dem zulässigen Wert des entsprechenden ASILs sein [11].
	Falls die geforderte FIT-Rate nicht erreicht werden kann, muss das Gesamtsystem sicherstellen, dass die Ausführung verifiziert werden kann (ASIL Dekomposition).
	Der Diagnosedeckungsgrad des Subsystems muss größer oder gleich dem zulässigen Wert des entsprechenden ASILs sein.
Anforderungen zur Nutz- und Wartbarkeit	Die Funktionen und Register des Subsystems müssen ausführlich dokumentiert und beschrieben sein.
	Die Unterstützung des Subsystems durch den AUTOSAR-Standard muss durch direkte Einbindung oder als Complex Device Driver möglich sein.
	Eine Programmierschnittstelle als Bibliothek zur Verwendung des Subsystems muss verfügbar und gepflegt sein [5].
	Die Errata der Subsysteme müssen regelmäßig aktualisiert und verfügbar sein.
Security-Anforderungen	Die Firmware des Subsystems muss, sofern vorhanden, aktualisierbar sein.
	Der Anbieter des Subsystems muss die Möglichkeit bieten, Sicherheitsvorfälle zu melden (Incidence Management).

und analoge Schnittstellen zur Außenwelt. Digitale Peripherien implementieren dabei domänenspezifische Bussysteme, wie Controller Area Network (CAN), Local Interconnect Network (LIN) oder Ethernet, in Hardware und ermöglichen so eine starke Entlastung der Prozessoren gegenüber Software-Implementierungen. Analoge Peripherien stellen ein Bindeglied zu der realen Welt dar, da sie die Digital-Analog- oder Analog-Digital-Wandlung ermöglichen. Peripherien haben gemein, dass sie üblicherweise auf externe Beschaltung, wie Transceiver und Übertrager im digitalen Fall oder Filter zur Bandbegrenzung im analogen Fall, angewiesen sind [9] [21] [17].

Tabelle 2. Kategorien von Hardware-Beschleunigern

Kategorie	Eigenschaften
Coprozessoren	Eigenständige, von anderen Subsystemen unabhängige Code-ausführung
	Spezialisierte Hardware-Unterstützung für die entsprechende Aufgabe
	Zugriff auf Speicher oder andere Subsysteme erforderlich
Akzeleratoren	Ausführung eines Algorithmus in Hardware
	Tritt sowohl alleinstehend als auch als Teil eines Prozessors oder Coprozessors auf
	Abhängig von anderen Subsystemen zur Ansteuerung und Konfiguration
Digitale Peripherien	Implementierung einer digitalen Schnittstelle wie CAN, Ethernet oder PWM in Hardware
	Implementierte Schnittstelle ist auch in Software umsetzbar
	Verwendung durch andere Subsysteme zur Ansteuerung und Konfiguration
Analoge Peripherien	Implementierung einer analogen Schnittstelle zur Analog-Digital- oder Digital-Analog-Wandlung
	Implementierte Schnittstelle ist nicht oder nur mit zusätzlicher externer Beschaltung in Software umsetzbar
	Abhängig von anderen Subsystemen zur Ansteuerung und Konfiguration

5 Anwendung der Kategorisierung von Hardware-Beschleunigern

Zur Validierung der aufgestellten Anforderungen sowie der dazugehörigen Kategorien werden hier die Hardware-Beschleuniger von drei Mikrocontrollerfamilien untersucht. Dabei liegt der Fokus auf automobilen Multicore-Mikrocontrollern für sicherheitskritische Anwendungen der höchsten Stufe ASIL D. Für die Betrachtung einer möglichst hohen Anzahl an Hardware-Beschleunigern werden die größten Ausbaustufen der jeweiligen Mikrocontrollerfamilien in Form des Infineon AURIX TC39x, des ST SPC58 sowie des NXP MPC5777M untersucht.

Im ersten Schritt erfolgt die Betrachtung der Coprozessoren, welche zur Beschleunigung ausgewählter Aufgaben in die Mikrocontroller integriert sind. Die Hersteller verfolgen dabei einen heterogenen Designansatz, welcher in einer Vielzahl unterschiedlicher Architekturen resultiert. So verfügt der AURIX TC39x über sechs identische TriCore-Kerne, wovon insgesamt vier Stück über einen separaten Lockstep-Core verfügen. Neben diesen primären Rechenkernen enthält der AURIX noch zwei Signal Processing Units (SPUs) für die performante Verarbeitung von Radarsignalen, welche ebenfalls im Lockstep-Mode betrieben werden können, wodurch jedoch nur eine SPU nutzbar ist, ein komplexes Timer-Modul namens Generic Timer Module (GTM) mit fünf separaten Rechenkernen, einem Hardware Security Module (HSM) für die Berechnung von kryptografischen Operationen und der Verwaltung von vertraulichen Informationen sowie einem Standby-Controller, welcher rudimentäre Bereitschaftsaufgaben ausführt während die Hauptprozessorkerne im Energiesparmodus verweilen. Der MPC5777M sowie der SPC58 nutzen grundlegend einen ähnlichen Aufbau mit jeweils drei Prozessorkernen, wobei zwei leistungsstärkere Kerne das Performance-Cluster bilden und der dritte Prozessorkern für die Ansteuerung der Peripherien zuständig ist. Ein Unterschied zwischen diesen beiden Mikrocontrollerderivaten besteht lediglich darin, dass der SPC58 über zwei dedizierte Lockstep-Kerne verfügt während der MPC5777M nur einen zur Verfügung stellt. Neben den Hauptkernen bieten beide Mikrocontroller ein HSM für Security-relevante Funktionalitäten. Eine pauschale Aussage über das erreichbare ASIL ist in den seltensten Fällen möglich. In der Regel hängt das erreichbare Safety-Niveau vom Aufbau des restlichen Systems ab sowie von dem Co-Design aus Hard- und Software. Infineon selbst gibt in dem dazugehörigen Safety-Manual der AURIX-Familie an, dass nur von Prozessorkernen, welche mit einem Lockstep-Mechanismus abgesichert sind, ein ASIL D erreicht werden kann [10]. Für alle weiteren Prozessorkerne stellt ein ASIL B das Maximum dar [9] [21] [17].

Zur Entlastung der Hauptprozessorkerne werden in automobilen Sicherheitssteuergeräten eine Vielzahl von Akzeleratoren integriert, welche sich wiederholende Standardaufgaben deutlich beschleunigen können. Beispielsweise bieten die drei Mikrocontrollerfamilien von ST, NXP und Infineon jeweils einen Direct Memory Access (DMA)-Controller, eine Einheit zur Ausführung von zyklischen Redundanzprüfungen oder Beschleuniger für kryptografische Operationen als Teil des HSMs. Während die kryptografischen Beschleuniger eher Relevanz für das Erreichen von Security-Anforderungen haben, sind DMA-Controller und Cyclic Redundancy Check (CRC)-Einheiten essentiell für eine Vielzahl von Safety-Konzepten, wie beispielsweise die ASIL-Dekomposition [9] [21] [17].

Zur Realisierung diverser Kommunikationsschnittstellen sowie zur Ansteuerung von einer Vielzahl von Sensoren und Aktoren werden digitale Schnittstellen benötigt. Gerade in sicherheitskritischen Systemen ist es dabei essentiell eine Vielzahl redundanter Schnittstellen bereitzustellen, welche sich gegenseitig validieren und im Fehlerfall einen sicheren Zustand annehmen. Ein Beispiel für solch einen Ansatz stellt die Bereitstellung eines PWM-Signals dar, welches durch ein separates Peripheriemodul wieder eingelesen und verifiziert wird. Gleiches gilt für die analogen Schnittstellen, welche häufig redundant durch unterschiedliche Messverfahren realisiert sind. Wichtig ist dabei zu beachten, dass all diese Ansätze nur dann ihr volles Potential entfalten, wenn diese umfassend in einem Safety-Konzept berücksichtigt werden. Zu diesem Safety-Konzept gehören, neben der redundanten Erfassung und permanenten Validierung, auch Maßnahmen zum Speicherschutz, Zugriffsberechtigungen für Konfigurationsregister, die Absicherung der Spannungsversorgung sowie der Taktgenerierung. Nur wenn all diese Maßnahmen optimiert aufeinander abgestimmt sind, können die hohen Safety-Anforderungen von ASIL D erreicht werden [9] [21] [17].

6 Diskussion

Wie dieser Artikel aufzeigt, ist die Bereitstellung von Safety-relevanten Hardware-Beschleunigern keine einfache Aufgabe für die Hersteller automobiler Multicore-Mikrocontroller. Durch die hohen Anforderungen der entsprechenden Normen müssen viele Faktoren bei der Entwicklung sowie der anschließenden Unterstützung im Feldeinsatz berücksichtigt werden. Nichtsdestotrotz stellen Hardware-Beschleuniger eine Möglichkeit dar, die verfügbare Rechenleistung auf den Steuergeräten zu erhöhen, weswegen die Anzahl in zukünftigen Mikrocontrollergenerationen weiter steigen wird. Diese Entwicklung wird durch moderne und flexible Architekturen, wie beispielsweise RISC-V, begünstigt, welche einen wichtigen Schritt hin zu domänenspezifischen Lösungen darstellen. Der Vorteil von RISC-V besteht darin, dass eine heterogene Aufgabenverteilung mittels einer homogenen Architektur ermöglicht wird [2]. Das Ziel sollte dabei sein, besonders rechenintensive Standardaufgaben durch Hardware-Unterstützung zu beschleunigen. Durch AUTOSAR werden verschiedenste Schnittstellen in der Software standardisiert, wodurch eine Umsetzung durch einen Hardware-Beschleuniger erleichtert wird. Beispielsweise könnten zukünftige Erweiterungen die Gateway-Funktionalität vieler Steuergeräte beschleunigen und dabei die Hauptprozessoren entlasten. Durch dieses Vorgehen könnte das aufwendige Umkopieren von Nachrichteninhalten zwischen verschiedenen Kommunikationsschnittstellen durch einen Prozessorkern entfallen. Eine weitere Möglichkeit stellt die Integration eines Hardware-Moduls dar, welches das Aktualisieren der Software übernimmt. Aktuelle Multicore-Mikrocontroller bieten in der Regel mehrere Speicherbänke pro Prozessorkern, wodurch das Vorhalten von mehreren Software-Versionen ermöglicht wird. Jedoch ist dabei zu beachten, dass die Aktualisierung der verschiedenen Speicherbänke derzeit durch den Hauptprozessor erfolgt. Durch einen entsprechenden Hardware-Beschleuniger könnte dieser Vorgang im Hintergrund erfolgen, was die Bereitstellung von Softwareupdates-over-the-Air deutlich vereinfachen würde. Dies würde einen Vorteil für autonome Nutzfahrzeuge darstellen, bei denen lange Standzeiten aufgrund von Software-Aktualisierungen für erhöhte Kosten sorgen. Einen abschließenden Ansatz stellt die Integration eines Hardware-Moduls zur Realisierung von Intercore-Kommunikation dar. Durch Intercore-Kommunikation entstehen Wartezyklen bei Zugriff auf geteilte Speicher, welche nur schwer in einer Laufzeitanalyse zu berücksichtigen sind. Eine Möglichkeit zur Kompensation dieser Laufzeitanomalien stellen transaktionale Speicher dar, welche durch einen intelligenten Verwaltungsalgorithmus die Zugriffe koordinieren und damit potentielle Wartezeiten reduzieren [3].

Literaturverzeichnis

1. Y. Bai: Practical Microcontroller Engineering with ARM(R), DOI 10.1002/9781119058397.ch11, 2016
2. C. Böttcher und M. Berekovic: RISC-V - eine neue Hoffnung?, *Embedded Software Engineering Kongress*, ISBN 978-3-8343-2415-3, 2020

3. T. Carle et al.: Thrifty-malloc: A HW/SW Codesign for the Dynamic Management of Hardware Transactional Memory in Embedded Multicore Systems, *International Conference on Compliers, Architectures, and Sythesis of Embedded Systems*, DOI 10.1145/2968455.2968513, 2016

4. S. A. Edwards und E. A. Lee.: The Case for the Precision Timed (PRET) Machine, *Proceedings of the 44th Annual Design Automation Conference*, ISBN 978-1-5959-3627-1, 2007

5. S. Endrikat et al.: How Do API Documentation and Static Typing Affect API Usability?, *Proceedings of the 36th International Conference on Software Engineering*, DOI 10.1145/2568225.2568299, 2014

6. P. Gai und M. Violante: Automotive embedded software architecture in the multi-core age, *2016 21th IEEE European Test Symposium*, DOI 10.1109/ETS.2016.7519309, 2016

7. M. Glinz: On Non-Functional Requirements, *15th IEEE International Requirements Engineering Conference*, DOI 10.1109/RE.2007.45, 2007

8. J. Henkel et al.: Design and architectures for dependable embedded systems, *Proceedings of the Ninth IEEE/ACM/IFIP International Conference on Hardware/-Software Codesign and System Synthesis*, DOI 10.1145/2039370.2039384, 2011

9. Infineon Technologies AG: AURIX TC3xx Target Specification V2.0.1, 2016

10. Infineon Technologies AG: AURIX TC3xx Safety Manual V2.0, 2021

11. International Organization for Standardization: ISO 26262 Road vehicles - Functional safety, Second Edition, 2018

12. International Organization for Standardization: ISO 21434 Road vehicles - Cyber-security engineering, 2021

13. P. Jungklass und M. Berekovic: Effects of concurrent access to embedded multicore microcontrollers with hard real-time demands, *IEEE 13th International Symposium on Industrial Embedded Systems*, ISBN 978-1-5386-4155-2/18, 2018

14. P. Jungklass und M. Berekovic: MemOpt: Automated Memory Distribution for Multicore Microcontrollers with Hard Real-Time Requirements, *IEEE Nordic Circuits and Systems Conference*, ISBN 978-1-7281-2769-9/19, 2019

15. T. G. Kirner und Alan M. Davis: Nonfunctional Requirements of Real-Time Systems, *Advances in Computers*, DOI 10.1016/S0065-2458(08)60483-0, 1996 NXP Semiconductors: MPC5777M Reference Manual Rev. 4.2, 2016

16. D. Lohmann et al.: Functional and non-functional properties in a family of embedded operating systems, DOI 10.1109/WORDS.2005.37, 2005

17. NXP Semiconductors. MPC5777M Reference Manual Rev. 4.2. 2016

18. S. Saidi et al.: The shift to multicores in real-time and safety-critical systems, *Proceedings of the 10th International Conference on Hardware/Software Codesign and System Synthesis*, 2015

19. R. Schneider et al.: Software Parallelization in Automotive Multi-Core Systems, *SAE Technical Paper*, DOI 10.4271/2015-01-0189, 2015

20. Die SOPHISTen: MASTeR - Schablone für alle Fälle. 3. Auflage. 2016. www.sophist.de/MASTeR-Broschuere

21. STMicroelectronics: SPC58xEx/SPC58xGx 32-bit Power Architecture microcontroller for automotive ASILD applications - Reference Manual, 2018

22. D. G. Villaescusa et al.: M2OS-Mc: An RTOS for Many-Core Processors, *Second Workshop on Next Generation Real-Time Embedded Systems*, ISBN 978-3-95977-178-8, 2021

23. Merriam-Webster   Wörterbucheintrag: Koprocessor,   Springfield,   2021. https://www.merriam-webster.com/dictionary/coprocessor,   letzter   Aufruf 9.8.2021

Fault Tolerance in Heterogeneous Automotive Real-time Systems

Johannes Lex[1], Ulrich Margull[2], Dietmar Fey[3] und Ralph Mader[1]

[1] Vitesco Technologies
93053 Regensburg
{johannes.lex | ralph.mader}@vitesco.com
[2] Fakultät Informatik
Technische Hochschule Ingolstadt, 85049 Ingolstadt
ulrich.margull@thi.de
[3] Lehrstuhl für Informatik 3, Rechnerarchitektur
Friedrich-Alexander-Universität Erlangen-Nürnberg, 91058 Erlangen
dietmar.fey@fau.de

Abstract. Recent developments in the area of autonomous driving lead to an exponential growth of software complexity in the automotive industry. To cope with those increasing demands on computational power and software architectures, new developments in the area of electronic control units (ECU) emerged, like the ability to partition AUTomotive Open System ARchitecture (AUTOSAR) Classic Software with Software Clusters (SWCL) and the introduction of embedded high performance computers in the Electric-/Electronic-Architecture (E-/E-Architecture). At the same time the demand for high availability of critical functionalities rises with the degree of automatization. This paper presents a new flexible and resource-saving fail operational strategy, which increases the availability of a system by instrumenting SWCL and embedded high performance computers.

1 Introduction

Autonomous driving is one of the leading trends in the automotive industry. To realize this technology, electronic control units have to execute ever more and more complex driver assistance systems. This increasing degree of automatization leads at the same time to a growing demand for high availability of critical functionalities, since the human driver is no more available as a backup layer in case of a failure. The AUTOSAR Classic and AUTOSAR Adaptive standard describe uniform software architectures for such electronic control units.

One severe advance concerning the partitionability of an AUTOSAR Classic software emerged in 2020 with the introduction of the AUTOSAR Classic Platform Flexibility (AR-Flex) concept [3]. Basically, a software based on AUTOSAR Classic consists of three different layers: the Basic Software (BSW), the Runtime Enviroment (RTE) and the Application Layer. The BSW abstracts the microcontroller hardware for the upper layers and holds the real time operating system. The RTE is located above the BSW and takes care of the communication inside and outside the ECU. On top of that, the Application Layer contains the software components with their applications and functional code [3]. One characteristic of AUTOSAR Classic software has been its monolithic approach, resulting in the fact that the overall software of an ECU had to be created as one closed system, which implies strong dependencies of all integrated components. However, this approach has severe drawbacks for new projects, as their growing size leads to excessive generation times while their considerable complexity can hardly be handled with this approach anymore. The AR-FLEX concept breaks this monolithic approach by separating the Application Layer into multiple so called "Software Clusters" (SWCL). Each SWCL is thereby standalone buildable and can be flashed separately from the remaining software [11].

Another important change took place in the field of the automotive E-/E-Architectures. To cope with the ever growing demand for computational power inside a vehicle, embedded high performance computers are introduced to the ECU environment. In current architectures, so called domains like powertrain or infotainment are defined, which in turn are controlled by domain controllers. To decrease the system complexity of the E-/E-Architecture, such domain controlled architectures are centralized [14]. Therefore, the domain controllers are summed up in few embedded high performance computers, which we additionally distinguish between "Vehicle Servers" and "Master Controllers" [11]. Although both are considered as high performance computers, there are some severe differences between them. In terms of hardware and software a Master Controller is closely related to a former domain controller. It is equipped with a microcontroller and the software is based on the AUTOSAR Classic standard. On the other hand, a Vehicle Server is assembled with a microprocessor. To effictively handle this processor architecture, which is novel in the automotive area, a new standard came into place: the AUTOSAR Adaptive standard. This standard enables the execution of AUTOSAR Software on a Portable Operating System Interface (POSIX) based Operating System (OS) like Linux, QNX or others [2] [13].

This paper aims to give a first investigation on a fail operational concept which utilizes both presented developments, namely SWCL and embedded high performance computers. Through the usage of SWCL, critical functions can be clustered and their functionality can be moved more easily to other ECUs in the system at compile time. With the parallel instrumentation of embedded high performance computers based on microprocessors, the availability of the system can be increased in a flexible way as a Master Controller can be utilized for maintaining a critical functionality from a Vehicle Server and vice versa.

The current state of the art for fail operational automotive systems is given in [8]. The proposed approach in this work uses a design diverse setup consisting of a ECU based on a microprocessor running AUTOSAR Adaptive and an ECU based on a microcontroller running AUTOSAR Classic. One general advance of such design diverse setups are their improved protection against systematic failures. Several other works already investigated the usage of design diverse setups in the automotive area. Fail operational architectures for the ADAS processing chain by using design diverse redundancy are presented in [7], [10] proposes a fault tolerant hardware architecture for a gateway by introducing a second microcontroller for monitoring tasks and [4] investigates replication methods utilizing backups for accelerating the recovery processing in design diverse setups. Although, no work was found which considered a design diverse setup consisting of a AUTOSAR Adaptive and AUTOSAR Classic platform. For resource efficient systems, graceful degradation might be an appropriate option, as resources for backup tasks are only used in a fail operational mode. In such a setup, graceful degradation means that passive redundant tasks with higher priority can reuse the allocated resources of tasks with lower priority. A concrete implementation of a fail operational setup using agent based graceful degradation is presented in [12]. In case of a fault, agents allocate resources for a task on other ECUs by shutting off less critical tasks if needed. To the best of our knowledge, there is no work which instruments microprocessor based embedded high performance computers and microcontroller based ECUs for an uniform fail operational concept while encapsulating the critical functionality with SWCL.

The rest of the paper is structured as follows: In section 2 a concrete concept will be introduced for a fail operational automotive system. Section 3 gives an estimation for the response time of this concept. A proof of concept was done with the experimental setup described in section 4 and the results of the tests are discussed in section 5. Finally, a short conclusion of the paper is given in section 6.

2   Fail-operational Concept based on a Heterogeneous System and SWCL

The following setup combines the two new developments mentioned in the previous chapter to a fail operational system. Figure 1 illustrates an exemplary setup consisting of three separate ECUs: one Vehicle Server and one Master Controller, which are both physically connected to one "Zone Controller" via automotive ethernet. The Zone Controller deals as a gateway and drives a smart actuator. The Vehicle Server executes as primary device the "Actuator Control SWCL", which in turn executes a critical functionality: a service which controls the smart actuator. In the scenario discussed in this paper, the Zone ECU is assumed to be ultra-high reliable and therefore a failure is not considered.

The critical functionality of the Actuator Control SWCL has to be maintained even if a severe fault occurs in the Vehicle Server. In the depicted scenario, it should be recovered by the Master Controller, which deals as backup device, even though the processor- and software architectures of the Vehicle Server and the Master Controller are essentially different. To manage the recovery process in case of a failure, three additional "Fail Op-Agents" are added to the devices. The Fail Op-Agents take care of all tasks which handle the reaction to failures, especially the following four steps:

1. Monitoring: The backup device has to be able to recognize a faulty behavior of the primary device. One way to check the correct behavior of the Vehicle

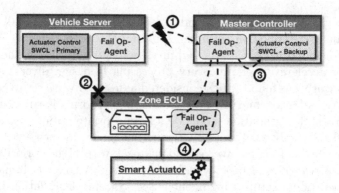

Fig. 1. Fail operational setup using a AUTOSAR Adaptive based Vehicle Server and a AUTOSAR Classic based Master Controller

Server is a monitoring approach with a heartbeat signal. Therefore, an signal is sent periodically from the Vehicle Server to the Master Controller. When the Vehicle Server fails to work, the Fail Op-Agent of the Master Controller recognizes this through the absence of the heartbeat signal.

2. Fail Silence: The faulty primary device should no longer take part in the communication and send data. When a fault is detected, the Master Controller takes care of a fail silent behavior for the Vehicle Server. This can be achieved by shutting off the physical Ethernet transceiver on the Zone ECU, which relays the Ethernet signals from the Vehicle Server. This way, all Ethernet packages from the Vehicle Server are dropped and no malicious packages are forwarded.

3. Recovery: After recognizing a fault, the backup device has to recover the critical functionality. The Master Controller starts and executes the Actuator Control SWCL - Backup. In general, a takeover strategy is required in this step to maintain the critical functionality, which takes care of synchronization of the primary and backup SWCL. For a first proof of concept, no takeover strategy was considered in this paper.

4. Reconfiguring the system communication: When the functionality was successfully restored on the backup device, its new location has to be published to the whole system. The Scalable service Oriented MiddlewarE over IP (SOME/IP) Service Discovery Protocol can be used to publish the location of the backup SWCL. It communicates the availability of functional entities called services in the in-vehicle communication [1] [6]. Therefore, a service can sends out service offer messages to which a client can answer with a subscribe message. After a successful subscription, the connection between the Actuator Control SWCL - Backup and the Smart Actuator is established.

The described process ensures the availability of the critical Actuator Control SWCL even in case of a severe failure in the Vehicle Server. One of the most important characteristics for a fail operational strategy is the time needed for the recovery of a critical functionality. A theoretical estimation as well as an experimental verification for this time is shown in the next chapters.

3   Estimated Worst-case Response Time

This section describes an analysis of the worst case time until the system is recovered from a failure. Therefore, the temporal behavior of the single steps described in the previous chapter between the occurrence of a failure on the primary device and the first recovered event from the backup device is investigated by the following formulas.

As described above, the failure is detected by monitoring a heartbeat signal of the primary device. If more than N_{Mon} heartbeat signals with the period of $t_{Heartbeat}$ are missed, a fault reaction is initiated. Additionally the latency of the communication $t_{ComDelay}$ has to be considered once we have a periodic heartbeat transfer. Therefore, the time t_{Mon} for step 1 "Monitoring" of the proposed concept is given by:

$$t_{Mon} = t_{ComDelay} + N_{Mon} \cdot t_{Heartbeat} \tag{1}$$

The time $t_{FailSilent}$ covers the execution time for step 2. The Master Controller calls a remote procedure on the Zone ECU, which sets the Vehicle Server to fail silent. Therefore, the delay introduced by the task system $t_{TaskDelay}$ and the communication delay are summed up. Afterwards the Client of the Zone ECU, which receives signals from the Actuator Control SWCL, has to be transferred in a state in which it listens to new SOME/IP service offers. This time is given by $t_{ResetClient}$ and is defined by the TTL-Field of the last received service offer. This field indicates how long a service is available in seconds [1].

$$t_{FailSilent} = t_{ComDelay} + t_{TaskDelay} + t_{ResetClient} \tag{2}$$

In the assumed setup the start of the backup service in step 3 is only a state transition executed during one task call. If some data consistency tasks for recovering data from the primary are executed, their timing would need to be considered here as well. The time $t_{Recovery}$ for step 3 is given by:

$$t_{Recovery} = t_{TaskDelay} \tag{3}$$

To recover the functionality of the Actuator Control SWCL, the Master Controller has to start its backup SWCL. This is done by setting the state of the service to available. As specified in the SOME/IP standard, the service automatically enters the Initial Wait Phase, in which it waits a random time between 0 s and $t_{initWait}$ [1] before it sends out the first service offer message. Afterwards it enters the Repetition Phase where a defined number of service offers is sequentially distributed. After each message sent in the Repetition Phase the delay to the next service offer is doubled. When the maximum number of service offers for the Repetition Phase is sent out, the service enters the Main Phase.

In the Main Phase, service offers are sent out cyclically [1]. When the client of the Zone ECU subscribes to any of the service offers, a successful connection between the Zone ECU client and the backup service of the Master Controller is established. For the last step of the proposed concept, the reconfiguration of the communication, it is assumed that the connection is established before the end of the Repetition Phase of the recovered service. Therefore the time $t_{Reconfigure}$ for this last step until a connection is reestablished is calculated by

$$t_{Reconfigure} = t_{initWait} + \sum_{k=0}^{N_{Rep}} \left(2^k \cdot t_{RepBase}\right) + t_{subscribeACK} \tag{4}$$

with N_{Rep} being the number of repetitions needed [1] [9]. Since the client has to be in a state in which it listens to new service offers before it can subscribe to them, the amount of needed repetitions N_{Rep} is given as:

$$\sum_{k=0}^{N_{Rep}} (2^k \cdot t_{RepBase}) > t_{FailSilent} \tag{5}$$

Thus N_{Rep} can be calculated as follows:

$$N_{Rep} = \lceil \log_2 \left(\frac{t_{FailSilent}}{t_{RepBase}} + 1 \right) - 1 \rceil \tag{6}$$

As step 2 is executed on the Zone ECU and steps 3 and 4 are executed on the Master Controller, those steps are performed in parallel. As the reconfiguration can only be finished when the Zone ECU has finished its step 2, the total time for the recovery is estimated by summing up the times for the steps 1 (t_{Mon}), 3 ($t_{Recovery}$) and 4 ($t_{Reconfigure}$).

Since the actual measurement will show the time between the last event of the primary and the first event of the backup service, the periods of those events t_{EvtFrq} have to be added two times for the maximal delay as well. All in all, the measured recovery time $t_{TotalRecovery}$ of the whole system from a severe failure of the Vehicle Server can be estimated by

$$t_{TotalRecovery} = t_{Mon} + t_{Recovery} + t_{Reconfigure} + 2 \cdot t_{EvtPer} \tag{7}$$

4   Experimental Set-up and Expected Behavior

The principal functionality together with the real time readiness of the previously described fail operational concept was validated with an experimental setup.

The hardware setup of this experiment corresponds to the system depicted in figure 1. The base for all three ECUs is a scalable platform of Vitesco Technologies GmbH. It can be configured as Master Controller, Vehicle Server or Zone ECU as shown in figure 2. Each generic ECU is assembled with an automotive ethernet switch, one or more Infineon Aurix 2G microcontrollers and multiple external communication interfaces like Ethernet. When configured as a Vehicle Server, an additional R-CAR H3/M3 processor from Renesas is attached to the ECU. The automotive Ethernet switch is connected to the external interfaces, as well as to the Aurix microcontroller and, if mounted, to the R-CAR H3/M3 processor. The two devices used as Master Controller and Vehicle Server are physically connected to the Zone ECU through the external 100Base-T1 Ethernet interfaces. The communication between the Vehicle Server and the Master Controller is routed through the automotive ethernet switch on the Zone ECU. For the proof of concept, an actuator is not necessary and has been removed. In terms of software, the microcontroller of the Master Controller and the Zone

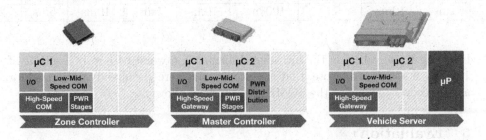

Fig. 2. Scalable platform configured as different types of ECUs [11]

ECU execute an AUTOSAR Classic software based on the release R19-11. The R-CAR H3/M3 Board executes an embedded Linux based on the Yocto kernel version 4.14 with the AUTOSAR Adaptive Software version 1.0. The communication between all ECUs takes place via SOME/IP services and clients, which allow the usage of events and remote procedure calls. The critical functionality in this experiment is a SOME/IP service of the Vehicle Server, which sends a periodic actuator control signal every five milliseconds to a client on the Zone ECU. This client receives this signal and measures the time since the last received actuator control event. To maintain this periodic actuator control signal in case of a failure, Fail Op-Agents are added to the system and the four steps described in the previous section are applied as follows.

For the monitoring step the Fail Op-Agent of the Vehicle Server executes a service which sends a cyclic heartbeat signal each millisecond to the corresponding Master Controller client. In case of a fault, the client of the Master Controller recognises the absent heartbeat after a debounce time of two heartbeat periods. If no signal is received during this time, the Master Controller executes a remote procedure call on the Zone ECU which transfers the Vehicle Server to a fail silent mode by shutting off the corresponding ETH-Transceivers. Afterwards, the functionality is recovered by starting the backup of the actuator control service and setting it to the state available. The service will then automatically start to send out service offers to which the client of the Zone ECU subscribes after $t_{ResetClient}$. If this connection was successful, the critical functionality was restored and the client waits for the next periodic actuator control signal. By attaching an additional sender information to this signal, the Zone ECU is able to differentiate between the Vehicle Server and the Master Controller as source. This way, the time between the last periodic actuator control signal from the Vehicle Server and the first periodic actuator control signal from the Master controller can be distinguished and stored by the Zone ECU. The values for the experimental setup (Table 1) were estimated to first order.

Table 1. Estimated worst case timing values of the experimental setup

t_{ComDel}	$t_{Heartbeat}$	$t_{TaskDelay}$	$t_{ResetClient}$	$t_{initWait}$	$t_{RepBase}$	$t_{subsACK}$	t_{EvtPer}	N_{Mon}
1ms	10ms	5ms	1000ms	10ms	5ms	10ms	5ms	2

Inserting those values in the introduced formulas, a worst case response time of 1313 ms is estimated. Note, that the used values here are already optimized for a fast recovery as far as the SOME/IP standard allows it.

5   Evaluation

The first tests with the described setup revealed two drawbacks in terms of responsiveness and stability.

The problem concerning the stability of the system results from the configuration of the Linux system. At the moment, no realtime patch was added to the OS, which leads to a strong jitter in the execution of the heartbeat service. The thread crashed sporadically and the Master Controller reacted in the correct way by taking over the control and initializing the recovery routine. To bypass this behavior, the periods of the heartbeat signal was changed to 10 ms and for the periodic actuator control signal to 100 ms. Although a real time patch improves the deterministic behavior of the OS, determinism in an AUTOSAR Adaptive environment is still a topic under investigation [5]. To improve the measurements, the heartbeat event and the actuator control event of the Vehicle Server were synchronized so that the last heartbeat signal is sent out at the same time as the last actuator control signal. Otherwise, the heartbeat event could have stopped any time, for example directly before or after a actuator control event and so the reaction to the failure would start at any time. This uncertainty of 100 ms in the measurement is removed by the synchronized termination of the heartbeat and actuator control signal. With these changes, the estimation of the measured worst case response time calculated by Eq. 7 is simplified to

$$t_{TotalRecovery} = t_{Mon} + t_{Recovery} + t_{Reconfigure} + t_{EvtPer} \qquad (8)$$

with t_{EvtPer} being the original 5ms period of the actuator control event from the Master Controller.

The second drawback deals with the response time. The estimated and measured response time of the presented setup is too high for a common automotive real time system, which is mainly caused by the SOME/IP Service Discovery procedure. Each service offer contains a TTL-Field which describes how long the service offer is valid in seconds [1]. The smallest configurable lifetime is one second. If the client does not receive any new service offer during this lifetime, it will delete the entries from the service and will connect to service offers from other ECUs afterwards. Thus, the backup service of the Master Controller is discovered at least one second after the fault occurred and the whole recovery time is more than one second in any case. To overcome this issue, the fault reaction of the Zone ECU is extended. During the execution of the remote procedure call, the Zone ECU overwrites the state of its client so that it will immediately react to the next service discovery messages from any source. This transition takes up to 45 ms in this experiment. Afterwards, the client is able to react to the service offer of the Master Controller. This way the $t_{ResetClient}$ can be reduced from 1000 ms to 45 ms, leading to a reduction of $t_{Reconfigure}$ from 1275 ms to 75 ms. When inserting the new value for $t_{Reconfigure}$ to this Eq. 8, the overall worst case response time reduces from 1313 ms to 126 ms.

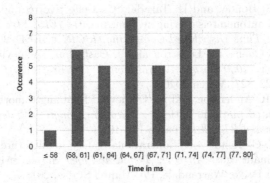

Fig. 3. Distribution of the measured response times.

After applying the described changes, the system was executed in a stable way and 40 measurements were taken, which act as a proof of concept. The distribution of the measured time periods between the last actuator control signal from the primary device and the first actuator control signal of the backup device is depicted in figure 3. No measured value exceeds the estimated worst case time of 126 ms. In fact, the mean of the response time is at 67.8 ms with a deviation of 5.2 ms. The results show that the concept can be applied to an automotive real time system with a reasonable reaction time.

6 Conclusion and Outlook

This paper gave a first investigation on a new fail operational concept for automotive systems, which uses AUTOSAR Adaptive based embedded high performance computers and AUTOSAR Classic based ECUs. The critical functionalities, which should be kept available, can thereby be encapsulated in SWCL. The concept was evaluated with an experimental setup. The focus of this paper was the feasability of the concept and its temporal behavior. It was shown, that reasonable reaction times can be achieved by modifying the SOME/IP Service Discovery. Further investigations on the presented concept should include the collaboration of SWCL in AUTOSAR Adaptive and AUTOSAR Classic, especially in terms of data consistency between a primary and a backup SWCL.

References

1. AUTOSAR: Specification of service discovery. Release 20-11.   `https://www.autosar.org/fileadmin/user_upload/standards/classic/20-11/AUTOSAR_SWS_ServiceDiscovery.pdf` (accessed on 30.07.2021)
2. AUTOSAR-Consortium: Adaptive platform rev 20/11, Nov. 2020. `https://www.autosar.org/standards/adaptive-platform` (accessed on 30.07.2021)
3. AUTOSAR-Consortium: Classic platform rev 20/11, Nov. 2020. `https://www.autosar.org/standards/classic-platform`(accessed on 30.07.2021)
4. T. Ishigooka, S. Honda, and H. Takada: Cost-effective redundancy approach for fail-operational autonomous driving system. In *2018 IEEE 21st International Symposium on Real-Time Distributed Computing (ISORC)*. IEEE, 2018.
5. C. Menard, A. Goens, M. Lohstroh and J. Castrillon: Achieving determinism in adaptive autosar. *2020 Design, Automation & Test in Europe Conference & Exhibition*, pages 822–827, March 2020.
6. R. Johansson, R. Andersson und M. Dernevik: Enabling tomorrow's road vehicles by service-oriented platform patterns. *European Congress Embedded Software and Real-time System, ERTS 2018*, pages 187–195.
7. B. Sari and H.-C. Reuss: Fail-operational safety architecture for adas systems considering domain ecus. In *SAE Technical Paper Series* SAE International400 Commonwealth Drive, Warrendale, PA, United States, 2018.
8. A. Schnellbach: Fail-operational automotive systems: Doctoral thesis. *Graz University of Technology*. November 2016
9. J. R. Seyler, T. Streichert, M. Glass, N. Navet and J. Teich: *Formal Analysis of the Startup Delay of SOME/IP Service Discovery: Grenoble, France, 9 - 13 March 2015*. IEEE, Piscataway, NJ, 2015.
10. S. Seo, J. Kim and S. M. Kim: A design of failsafe gateway-embedded system for in-vehicle networks. *International Journal of Applied Engineering Research*, 2017.
11. R. Mader, G. Winkler, T. Reindl, N. Pandya, Vitesco Technologies: The car's electronic architecture in motion: The coming transformation. *42. Internationales Wiener Motorensymposium*, 2021.
12. P. Weiss, A. Weichslgartner, F. Reimann and S. Steinhorst: Fail-operational automotive software design using agent-based graceful degradation. In *2020 Design, Automation & Test in Europe Conference & Exhibition (DATE)*, pages 1169–1174. IEEE, March 2020.
13. Vector Informatik GmbH: Autosar adaptive – the computing center in the vehicle. *ATZelektronik*, 2018.
14. Vector Informatik GmbH: More performance, please! - E/E architectures with autosar adaptive. *ATZelektronik*, May 2019

Echtzeitfähige Ethernet-Kommunikation in automobilen Multicore-Systemen mit hierarchischem Speicherlayout

Sercan Körür[1], Philipp Jungklass[1] und Mladen Berekovic[2]

[1] Ingenieurgesellschaft Auto und Verkehr GmbH, 38518 Gifhorn
sercan02.koeruer@iav.de
philipp.jungklass@iav.de
[2] Universität zu Lübeck, Institut für Technische Informatik, 23562 Lübeck
berekovic@iti.uni-luebeck.de

Zusammenfassung. Der Kommunikationsbedarf in automobilen Systemen steigt seit Jahren signifikant an. Moderne Technologien, wie das automatisierte Fahren, die Vernetzung der Fahrzeuge untereinander, aber auch mit der umgebenden Infrastruktur, sowie die Möglichkeit der permanenten Online-Anbindung, erfordern immer höhere Datenraten mit möglichst geringer Latenz. Bedingt durch diese neuen Funktionalitäten sowie dem zunehmenden Trend zur Zentralisierung von Steuergeräten im Fahrzeug steigt der Bedarf an breitbandiger Vernetzung auch innerhalb der Automobile wesentlich an. Um dieser Anforderung gerecht zu werden, erfolgt ebenfalls in sicherheitskritischen Systemen zunehmend der Einsatz von Ethernet-basierten Kommunikationssystemen mit Übertragungsraten im Bereich von bis zu 1 Gbit/s. Um diese hohen Datenraten durch die verwendeten Multicore-Mikrocontroller bereit zu stellen, sind schnelle Anbindungen an die internen Speicher essentiell. Doch gerade in Mikrocontrollern mit mehreren Prozessorkernen können durch konkurrierenden Zugriffe auf geteilte Speicher Wartezyklen entstehen, welche die Geschwindigkeit der Ethernet-Kommunikation sowie die Einhaltung von kritischen Zeitzielen massiv beeinflussen. Aus diesem Grund werden in diesem Artikel Ansätze untersucht, welche mittels eines optimierten Speichermanagements die Übertragungsraten von echtzeitfähigen Multicore-Mikrocontrollern deutlich steigern und die Vorhersagbarkeit verbessern können. Zur Validierung der vorgestellten Ansätze erfolgt eine Evaluierung auf einem Multicore-Mikrocontroller für sicherheitskritische Anwendungen auf Basis der Infineon AURIX-Familie mit einem kommerziellen AUTOSAR-Stack.

1 Einleitung

Moderne Funktionen, wie das automatisierte Fahren, die Anbindung der Fahrzeuge in intelligente Verkehrsnetze sowie die Bereitstellung internetbasierter Multimedia-Anwendungen, erfordern immer höhere Bandbreiten bei der internen und externen Kommunikation in automobilen Anwendungen. Neben diesem Umstand verfolgt die Automobilindustrie seit mehreren Jahren das Ziel, die Anzahl

© Der/die Autor(en), exklusiv lizenziert durch
Springer Fachmedien Wiesbaden GmbH, ein Teil von Springer Nature 2022
H. Unger und M. Schaible (Hrsg.), *Echtzeit 2021*, Informatik aktuell,
https://doi.org/10.1007/978-3-658-37751-9_10

der Steuergeräte in den Fahrzeugen durch zentrale Integrationssteuergeräte drastisch zu reduzieren [7]. Diese neuartigen Steuergeräte vereinen eine Vielzahl von Funktionen auf performanten Mehrkernprozessoren, wodurch der Kommunikationsbedarf zwischen den wenigen verbliebenen Steuergeräten massiv ansteigt [15]. Dieser Bedarf an breitbandiger Kommunikation erfordert neue Technologien, wie beispielsweise Ethernet, welche die bisherigen Lösungen auf Basis von CAN und FlexRay langfristig ablösen soll [2]. Wichtig ist dabei zu beachten, dass auch sicherheitsrelevante Fahrfunktionen mit einer harten Echtzeitanforderung von diesen Kommunikationssystemen abhängig sind, weswegen eine robuste, vorhersagbare und zuverlässige Verbindung essentiell ist. Um diesen Anforderungen gerecht zu werden, müssen sowohl die Software als auch das Speichermanagement auf den Integrationssteuergeräten entsprechend abgestimmt sein [17] [1]. Aus diesem Grund werden in diesem Artikel verschiedene Ansätze zur Optimierung der echtzeitfähigen Ethernet-Kommunikation mittels des Speichermanagements auf zentralen Multicore-Steuergeräten vorgestellt und diskutiert. Der Fokus liegt dabei auf der Reduzierung der Reaktionszeit sowie der Steigerung der Übertragungsrate. Zur Validierung der präsentierten Konzepte werden umfangreiche Messreihen durchgeführt und ausgewertet. Zum Abschluss werden Vorschläge zur effizienten Speichernutzung erläutert, welche als Leitfaden zur Erreichung der beschriebenen Anforderungen genutzt werden können.

2   Stand der Technik

Aktuelle Multicore-Mikrocontroller für sicherheitskritische Anwendungen nutzen grundlegend einen ähnlichen Aufbau, welcher in Abbildung 1 dargestellt ist [13].

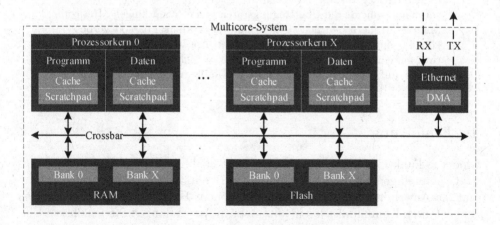

Abb. 1. Aufbau eines Multicore-Systems für Anwendungen mit einer harten Echtzeitanforderung

Je nach Hersteller und Derivat unterscheiden sich die derzeit am Markt erhältlichen Multicore-Mikrocontroller in der Anzahl ihrer Prozessorkerne, welche nach der modifizierten Harvard-Architektur aufgebaut sind. Jeder Kern verfügt über vier lokale Speicher, welche durch ein Scratchpad sowie einen Cache für den Programmcode und die Daten repräsentiert werden. Der Unterscheid zwischen diesen beiden Speichertypen besteht darin, dass das Scratchpad durch den Entwickler verwaltet werden muss, währenddessen der Cache durch die Hardware kontrolliert wird. Durch diese Umsetzung ist der Cache für die Software vollständig transparent, was die Verwendung vereinfacht. Jedoch sind Caches aufgrund ihrer Ersetzungsstrategie deutlich aufwendiger in Laufzeitanalysen zu integrieren, weshalb ihre Nutzung in Echtzeitsystemen nicht unumstritten ist [3] [5]. Die lokalen Speicher zeichnen sich durch eine hohe Zugriffsgeschwindigkeit bei einer geringen Speicherkapazität aus, weswegen die effektive Nutzung essentiell für eine hohe Verarbeitungsgeschwindigkeit ist. Mittels einer Crossbar werden die Prozessorkerne untereinander, aber auch mit den globalen Speichern im System verbunden. Der Vorteil einer Crossbar besteht darin, dass diese parallele Zugriffe von unterschiedlichen Mastern auf unterschiedliche Slaves ermöglicht [16]. Als globale Speicher fungieren ein geteilter RAM- sowie Flash-Speicher, welche deutlich mehr Speicherkapazität bieten, jedoch nur eine geringere Zugriffsgeschwindigkeit zur Verfügung stellen. Zur Reduzierung von konkurrierenden Zugriffen durch die Prozessorkerne im System sind die globalen Speicher in Bänken organisiert, welche jeweils eine separate Anbindung an die Crossbar bieten [12]. Des Weiteren erfolgt ebenfalls die Anbindung des integrierten Ethernet-Moduls über die Crossbar, wodurch die heutigen Übertragungsraten von bis zu 1 Gbit/s erst ermöglicht werden [11]. Zur Entlastung der Prozessorkerne verfügen moderne Ethernet-Module über einen integrierten DMA-Controller, welcher einen direkten Speicherzugriff realisiert. Bedingt durch diesen Aufbau kann das Ethernet-Modul in der Analyse des Speichermanagements als weiterer Prozessorkern betrachtet werden, welcher je nach Übertragungsgeschwindigkeit und Speicherlayout eine Vielzahl von konkurrierenden Zugriffen verursachen kann [8].

In automobilen Steuergeräten für sicherheitskritische Anwendungen erfolgt die Umsetzung der Software nach dem Classic AUTOSAR-Standard, welcher sowohl die grundlegende Architektur des Gesamtsystems definiert als auch die Schnittstellen zwischen den einzelnen Modulen [7]. Neben vielen weiteren Funktionalitäten ist über den AUTOSAR-Standard ebenfalls die Realisierung der Ethernet-Kommunikation definiert. Dabei werden in Abhängigkeit der verwendeten Ethernet-Protokolle unterschiedliche AUTOSAR-Module benötigt, welche die entsprechenden Protokollspezifikationen umsetzen. Durch das Ethernet-Modul selbst erfolgt in Hardware lediglich die Bereitstellung des Ethernet-Protokolls, weshalb alle höheren Protokollschichten durch die Software implementiert werden müssen. Bedingt durch dieses Vorgehen kann in Abhängigkeit der verwendeten Protokolle sowie der Übertragungsgeschwindigkeit die Berechnung der Ethernet-Kommunikation einen signifikanten Anteil der verfügbaren Laufzeit eines Steuergeräts beanspruchen. Zur Reduzierung dieser Rechenlast können in automobilen Systemen jedoch nur wenige Ansätze zur Optimierung genutzt werden. Beispielsweise werden in AUTOSAR-basierten Systemen die Software-Module für die Kommunikation häufig als qualifizierte Standardkomponenten zugekauft, wodurch eine Modifizierung lediglich mit entsprechendem Aufwand möglich ist. Des Weiteren sind diese Standardkomponenten ausschließlich für bestimmte Compiler-Einstellungen qualifiziert, weswegen hier ebenfalls bei einer Anpassung eine aufwendige Nachqualifizierung die Folge wäre. Aus diesem Grund stellt die Optimierung des Speichermanagements eine Möglichkeit dar, die Ausführungsgeschwindigkeit signifikant zu steigern ohne das Änderungen am übersetzten Programmcode entstehen.

3 Konzept

Die Verbesserung des Speichermanagements in sicherheitskritischen Echtzeit-anwendungen ist trotz der langen Verfügbarkeit solcher Systeme immer noch Gegenstand der Forschung und Entwicklung. In diesem Abschnitt werden daher bisherige Konzepte vorgestellt und deren Eignung für die Optimierung der echt-zeitfähigen Ethernet-Kommunikation bewertet. Da in automobilen Echtzeitsystemen ausschließlich eine statische Speicherverwaltung erlaubt ist, werden Veröffentlichungen zu dynamischen Ansätzen in diesem Artikel nicht berücksichtigt. Generell werden in den verfügbaren Publikationen Konzepte vorgestellt, welche ausgewählte Teile der Software eines Steuergeräts in die lokalen Speicher allokieren, wodurch die Ausführungsgeschwindigkeit gesteigert werden soll. Diese Ansätze umfassen unter anderem den Stack [1], den Programm-Code [6] oder Variablen für die Intercore-Kommunikation [10]. Da eine AUTOSAR-kompatible Ethernet-Kommunikation jedoch aus all diesen Teilen besteht, hilft eine partielle Optimierung von ausgewählten Teilaspekten nur bedingt. In [14], [4] und [9] beschreiben die Autoren zusätzlich unterschiedliche Ansätze zur effizienteren Nutzung der geringen Speicherkapazität der lokalen Scratchpad-Speicher. Das grundlegende Konzept ist dabei besonders rechenintensive Programmteile ohne Verzweigung, sogenannte Basic Blocks, zu extrahieren und in die lokalen Scratchpad-Speicher zu allokieren. Durch dieses Vorgehen soll eine möglichst große Anzahl der Speicherzugriffe durch die Scratchpads bedient werden, wodurch die Ausführungsgeschwindigkeit gesteigert werden kann. Der Nachteil dieses Ansatzes besteht darin, dass solch eine Separierung des Programmcodes von Compilern für automobile Anwendungen nicht unterstützt wird, wodurch eine manuelle Anpassung mit anschließender Qualifizierung erforderlich ist. Aus den genannten Gründen wird daher im folgenden Abschnitt ein Ansatz gewählt, welcher die Funktionen und Variablen der Ethernet-Kommunikation anhand ihrer Laufzeit priorisiert. Das Ziel ist dabei die laufzeitintensivsten Programmteile in die lokalen Speicher des ausführenden Prozessorkerns zu allokieren.

4 Experimentelle Ergebnisse

Zur Evaluierung der Auswirkungen des Speichermanagements auf eine echtzeitfähige Ethernet-Kommunikation werden in diesem Kapitel eine Vielzahl von Messungen durchgeführt und ausgewertet. Als Validierungsplattform kommt dabei ein Infineon AURIX TC299 zum Einsatz, welcher drei Prozessorkerne sowie eine Vielzahl von Peripherien bietet. Der Aufbau des Infineon AURIX entspricht grundlegend dem Design, welches in Abbildung 1 dargestellt ist. Die Größe der jeweiligen Speicher sowie deren Separierung sind in Tabelle 1 beschrieben.

Tabelle 1. Speichergröße des Infineon AURIX TC299 [12]

Speicherart	Speicher	Größe	Separierung
Lokale Speicher (Prozessorkern 0)	Cache (Code)	16 KB	-
	Scratchpad (Code)	32 KB	-
	Cache (Daten)	8 KB	-
	Scratchpad (Daten)	120 KB	-
Globale Speicher	Flash	8192 KB	4 x 2048 KB
	RAM	32 KB	1 x 32 KB

Die verwendete Evaluierungsplattform in Form des Infineon AURIX TC299 besitzt ein Ethernet-Modul, welches für eine maximale Datenrate von 100 Mbit/s spezifiziert ist. Aufgrund der geringeren Datenrate erfolgt die Anbindung des Ethernet-Moduls nicht über die Crossbar, sondern über den Peripheriebus, welcher auch alle anderen Peripheriemodule, wie beispielsweise die Timer, ins System integriert [12]. Erst mit der nachfolgenden AURIX-Generation hat Infineon ein leistungsstärkeres Ethernet-Modul für Übertragungsraten von 1 Gbit/s in die Mikrocontroller integriert, welches wie beschrieben über die Crossbar angebunden ist [11]. Wie bereits dargelegt erfolgt die Umsetzung der Software in automobilen Echtzeitsystemen nach dem Classic AUTOSAR-Standard, auf welchem ebenfalls die entwickelte Test-Software basiert. Aus diesem Grund wird ein kommerzieller AUTOSAR-Stack auf der Evaluierungsplattform implementiert. Zu den genutzten Modulen gehört das Betriebssystem, der Ethernet- sowie der dazugehörige Communication-Stack, die Runtime Environment (RTE) zur Anbindung der Testfunktionalität sowie der vom Mikrocontrollerhersteller bereitgestellte Microcontroller Abstraction Layer (MCAL). Jeder Prozessorkern führt dabei seine eigene Instanz des Betriebssystems mit dem jeweiligen Scheduling aus. Die implementierte Testfunktion wird auf dem Prozessorkern 0 in der 10ms-Tasks ausgeführt. Neben der genutzten 10ms-Task sind auf dem Prozessorkern 0 sowie den anderen Kernen im System weitere Tasks umgesetzt, wodurch ein realitätsnahes Zeitverhalten simuliert werden soll. Abgesehen von den Instanzen der Betriebssysteme sowie den Kommunikationstests auf Prozessorkern 0 werden keine weiteren Software-Komponenten ausgeführt. Der Grund für diese Konfiguration besteht darin, dass die Lastprofile auf den Steuergeräten stark von dem jeweiligen Einsatzzwecken abhängen. Um trotzdem eine generische Aussage über den Einfluss des Speichermanagements auf die Echtzeitfähigkeit der Ethernet-Kommunikation treffen zu können, werden nur die einsatzzweckunabhängigen Software-Module in die Messung mit einbezogen. Zur

Realisierung unterschiedlicher Paketgrößen wird ein dynamisches Kommunikationssignal genutzt, welches zur Validierung der korrekten Übertragung zufällig erstellte Testdaten enthält. Als Transportprotokoll kommt dabei User Datagram Protocol (UDP) zum Einsatz, welches mittels des IP-Protokolls in der Version 4 verschickt wird. Die Erstellung des Ethernet-Frames erfolgt im Gegensatz zu den anderen beiden Protokollen durch das Ethernet-Modul in Hardware. Die Messung erfolgt dabei ab dem Zeitpunkt, ab welchem die Testdaten an die RTE übergeben werden bis zum vollständigen Versenden des kompletten Ethernet-Pakets durch das Ethernet-Modul. Zur Messung der Zeit werden die Performance Counter des Infineon AURIX genutzt, welche direkt in die Prozessorkerne integriert sind und eine taktgenaue Messung ermöglichen [12]. Aufgrund der Komplexität des verwendeten Mikrocontrollers sowie des AUTOSAR-Stacks erfolgt die Bestimmung der Worst-Case Execution Time (WCET) auf Basis eines statistischen Ansatzes. Zu diesem Zweck wird für jede Paketgröße eine Messreihe mit 10000 Nachrichtenübertragungen durchgeführt und die Laufzeiten protokolliert. Abschließend werden die Best-Case Execution Time (BCET), die WCET sowie die Average Execution Time (AET) ermittelt.

Für die erste Messreihe werden ausschließlich die globalen Speicher verwendet. Aus diesem Grund wird der Programmcode in die Flash-Speicher und die Variablen in den globalen RAM allokiert. Das Ergebnis dieser Messung ist in Abbildung 2 dargestellt. Zur besseren Visualisierung der Laufzeitunterschiede wird die Zeit für die Übertragung von einem Nutzdatenbyte dargestellt. Zu diesem Zweck wird die Laufzeit des Gesamtpakets durch die Anzahl der Nutzdatenbytes geteilt. Wie in der Messung 2 zu sehen ist, sinkt die Laufzeit pro Nutzdatenbyte mit der Größe der übertragenden Datenpakete. Dieser Umstand ist darauf zurückzuführen, dass ein Großteil der Rechenzeit bei der Erstellung der Ethernet-Protokolle entsteht. Dieser Protokoll-Overhead ist dabei unabhängig von der Paketgröße, weswegen sich diese Laufzeit überproportional bei kleineren Datenpaketen niederschlägt. Einen weiteren interessanten Aspekt stellen die Schwankungen in der Laufzeit zwischen dem minimalen und dem maximalen Wert dar. Diese Laufzeitvariationen resultieren zum einen aus den Unterbrechungen des Betriebssystems auf Prozessorkern 0, aber auch aus den Betriebssystemen der anderen Prozessorkerne. Das Betriebssystem von Prozessorkern 0 erhält seine Zeitbasis von einem System Timer, welcher alle 500 μs einen Interrupt auslöst. Diese regelmäßigen Unterbrechungen können auch in dem Moment stattfinden, wenn gerade eine Ethernet-Übertragung erfolgt, wodurch die Ausführung verzögert wird. Des Weiteren muss berücksichtigt werden, dass das Ethernet-Modul des Infineon AURIX über denselben Peripheriebus angebunden ist wie die System Timer der anderen Prozessorkerne. Diese werden ebenfalls im 500 μs-Zeitraster ausgelöst, was eine Verarbeitungsprozedur zur Folge hat. Die daraus resultierenden, konkurrierenden Zugriffe auf den geteilten Peripheriebus haben ebenfalls einen Einfluss auf die Laufzeit der Übertragung. Rein rechnerisch ergeben sich aus den ermittelten Paketlaufzeiten maximale Übertragungsraten von 7,37 Mbit/s bis 17,53 Mbit/s in Abhängigkeiten der gewählten Paketgröße. Diese Werte sind im Vergleich zum bisher in echtzeitfähigen Systemen genutzten

CAN-Bus zwar eine signifikante Steigerung, jedoch bleiben diese deutlich hinter dem Potential des verwendeten Ethernet-Moduls, welches mit bis zu 100 Mbits/s spezifiziert ist [12].

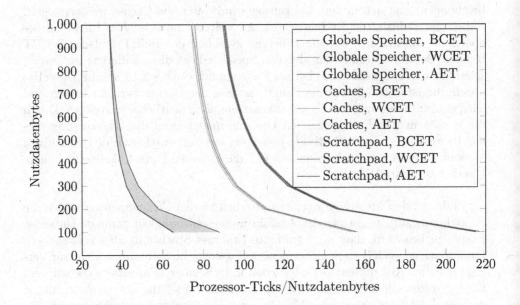

Abb. 2. Laufzeit der Ethernet-Kommunikation mit verschiedenen Speicherkonfigurationen

Zur Steigerung der Übertragungsrate werden in der zweiten Messreihe die Caches des Infineon AURIX aktiviert. Über ein entsprechendes Konfigurationsregister können der Programm- sowie der Daten-Cache während der Initialisierungsphase des Mikrocontrollers aktiviert bzw. deaktiviert werden. Wie in der Abbildung 2 zu sehen ist, kann dadurch die Übertragungszeit für die unterschiedlichen Paketgrößen deutlich reduziert werden. Je nach Paketgröße liegt die Laufzeitreduzierung im Vergleich zur exklusiven Nutzung der globalen Speicher zwischen 16,62 % und 27,32 %. Dabei ist ebenfalls zu beobachten, dass die kleineren Pakete stärker von dem Potential der Cache-Speicher profitieren, was auf dessen Ersetzungsstrategie zurückzuführen ist. Der Infineon AURIX besitzt einen Zwei-Wege-assoziativen Cache, welcher nach dem Least Recently Used (LRU)-Prinzip seine Inhalte verwaltet. Durch diese Umsetzung kann der TC299 insgesamt zwei Speicherblöcke mit jeweils 8 KB in seinem lokalen Programm-Cache vorhalten. Sollte für die Berechnung einer Ethernet-Botschaft jedoch ein weiterer Speicherblock benötigt werden, wird der Cache-Inhalt überschrieben, dessen Nutzung am längsten zurückliegt. Bedingt durch dieses Verhalten kann bei einer stark verteilten Allokation des Programmcodes im Flash-Speicher ein permanentes Umladen der Caches erfolgen, wodurch deren Leistungspotential deutlich gesenkt wird. Gleiches gilt für potentielle Unterbrechungen durch das

Betriebssystem, bei welchen ebenfalls die Cache-Inhalte überschrieben werden können. Dieser Effekt ist besonders bei den größeren Ethernet-Paketen zu sehen, deren Berechnung im Vergleich zu den kleineren Datenpaketen signifikant länger dauert. Durch diese gesteigerte Rechenzeit erhöht sich die Chance von Unterbrechungen, was sich in dem Leistungsgewinn durch die Caches wiederspiegelt. Neben der reduzierten Rechenzeit ist ein weiterer interessanter Effekt zu beobachten, welcher sich auf die Differenz zwischen der BCET und der WCET bezieht. Bei der Nutzung der globalen Speicher liegt diese Differenz im Durchschnitt bei 1,12 % während es bei der Nutzung der Caches 2,16 % sind. Diese Beobachtung ist ebenfalls auf die Funktionsweise der Caches zurückzuführen und wird sich mit einer höheren Systemauslastung noch deutlicher ausprägen. Durch die in diesem Abschnitt gezeigten Optimierungen kann die Übertragungsrate auf 10,20 Mbit/s bis 21,01 Mbit/s gesteigert werden. Analog zu den vorherigen Messungen erreichen auch in diesem Fall die größeren Datenpakete eine höhere Übertragungsrate [12].

In der letzten Messreihe werden zusätzlich zu den Cache-Speichern noch die Scratchpads zur Steigerung der Ausführungsgeschwindigkeit genutzt. Dabei ist jedoch zu beachten, dass der komplette Ethernet-Stack mit allen verwendeten Funktionen ca. 58 KB an Speicher benötigt, welcher im Scratchpad nicht zur Verfügung steht. Aus diesem Grund werden mittels einer Laufzeitanalyse auf dem Gesamtsystem die laufzeitintensivsten Funktionen des Ethernet-Stacks ermittelt und für die Allokation ausgewählt. Die restlichen Funktionen verbleiben im globalen Flash und werden lediglich durch die Caches beschleunigt. Aufgrund der verhältnismäßig großen Daten-Scratchpads ist eine solche Unterteilung in diesem Bereich nicht notwendig. Für den kompletten Ethernet-Stack werden ca. 8 KB an RAM benötigt, welche vollständig in das Daten-Scratchpad allokiert werden können. Wie die Messungen aufzeigen, wird durch die Nutzung der lokalen Scratchpads von Prozessorkern 0 die Ausführungsgeschwindigkeit weiter gesteigert. Im Vergleich zur initialen Messung, bei welcher ausschließlich die globalen Speicher verwendet werden, kann die benötigte Laufzeit um durchschnittlich 62 % reduziert werden. Ein weiterer interessanter Punkt ist die starke Variation der Laufzeit zwischen der BCET und der WCET von bis zu 26 % bei den kleineren Datenpaketen. Diese Streuung ist darauf zurückzuführen, dass die Übertragung durch die Verwendung der Scratchpads dermaßen beschleunigt wird, dass das komplette Versenden einer Ethernet-Botschaft ohne Unterbrechung des Betriebssystems erfolgen kann. Falls eine solche Unterbrechung jedoch stattfindet, sind die Auswirkungen deutlich stärker in der Variation der Laufzeit zu sehen. Bei den größeren Datenpaketen wird diese Differenz deutlich kleiner, da die Übertragungsdauer ein Versenden der Ethernet-Botschaft ohne Unterbrechung nicht ermöglicht. Durch die in diesem Abschnitt gezeigten Optimierungen der Speicherverwaltung kann die Datenrate beim Versenden von Ethernet-Botschaften auf bis zu 46,93 Mbit/s gesteigert werden. Abschließend zeigen die Speichermessungen der Scratchpads einen weiteren interessanten Aspekt in Bezug auf die AET. Bei der Verwendung der globalen Speicher sowie der Caches ordnet sich die AET relativ mittig zwischen der BCET und der WCET ein, was auf eine gleichmäßige Verteilung der unterschiedlichen Laufzeiten schließen lässt. Im Gegensatz dazu entspricht die AET bei der Nutzung der Scratchpads fast der BCET. Diese Beobachtung ist darauf zurückzuführen, dass Scratchpads ein absolut konstantes Zeitverhalten aufweisen und nicht durch Faktoren, wie konkurrierende Zugriffe oder Ersetzungsstrategien, beeinflusst werden. Bei der Erfassung dieser Messung konnte die WCET in lediglich 0,05 % aller Fälle ermittelt werden, was sich auch im Verlauf der AET wiederspiegelt. Analog zu den Tests für das Übertragen einer Ethernet-Botschaft wurden auch Untersuchungen hinsichtlich des optimierten Empfangs durchgeführt. Da die Ergebnisse der Messungen identisch zu den bereits vorgestellten Erkenntnissen sind, wird auf eine gesonderte Betrachtung verzichtet [12].

5 Diskussion

Im Rahmen dieses Artikels sind die Auswirkungen von unterschiedlichen Speicherkonfigurationen auf die echtzeitfähige Ethernet-Kommunikation in automobilen Multicore-Systemen untersucht worden. Wie die Ergebnisse der durchgeführten Messungen aufzeigen, hat das Speichermanagement einen signifikanten Einfluss auf die maximale Übertragungsrate sowie auf die Variation der Ausführungszeit. Dabei zeigt sich besonders, dass Scratchpads einen wichtigen Faktor für die konstante Realisierung einer hohen Datenrate darstellen. Durch die Verwendung dieser leistungsstarken lokalen Speicher können zeitliche Anomalien, welche durch konkurrierende Zugriffe oder asynchrone Events verursacht werden, signifikant reduziert werden [5]. Dabei muss jedoch berücksichtigt werden, dass die Speicherkapazität von Scratchpads begrenzt ist und in einem realen Echtzeitsystem unter Umständen mehrere Funktionalitäten auf die Vorteile dieser Speicher angewiesen sind. Aus diesem Grund wird in zukünftigen Untersuchungen verstärkt der Fokus auf reale Echtzeitsysteme gelegt. Dabei sollen unterschiedliche Anwendungsfälle analysiert werden, wobei das Ziel die Klassifizierung konkreter Lastszenarien ist. Auf Basis dieser Lastszenarien können zukünftig konkrete Optimierungsempfehlungen für die unterschiedlichen Anwendungsfälle gegeben werden. Des Weiteren gibt es in der Fachliteratur eine Vielzahl von Strategien zur optimierten Cache-Nutzung, welche durch eine gezielte Auswahl der cache-baren Inhalte eine optimierte Vorhersagbarkeit erreichen. Auf Basis dieser Vorarbeiten soll in zukünftigen Untersuchungen der Cache besser in die echtzeitfähige Ethernet-Kommunikation mit einbezogen werden. Abschließend wird in weiteren Arbeiten das Potential von Hardware-basierten Umsetzungen von Ethernet-Protokollen evaluiert. Durch diesen Ansatz könnte die zeitaufwendige Berechnung des UDP- oder IP-Protokolls in Software vermieden werden, womit mehr Rechenzeit zur Verfügung stehen würden.

Literaturverzeichnis

1. O. Avissar et al.: "An Optimal Memory Allocation Scheme for Scratch-Pad-Based Embedded Systems". In: ACM Transactions on Embedded Computing Systems 1.1. 2002.

2. L. Lo Bello et al.: "Recent Advances and Trends in On-Board Embedded and Networked Automotive Systems". In: IEEE Transactions on Industrial Informatics 15.2. 2019. doi: 10.1109/TII.2018.2879544.

3. D. Bui et al.: "Temporal Isolation on Multiprocessing Architectures". In: Design Automation Conference. 2011. doi: 10.1145/2024724.2024787

4. Z.-H. Chen und A. Su: "A Hardware/Software Framework for Instruction and Data Scratchpad Memory Allocation". In: ACM Transactions on Architecture and Code Optimization 7. 2010. doi: 10.1145/1736065.1736067.

5. S. A. Edwards und E. A. Lee: "The Case for the Precision Timed (PRET) Machine". In: Design Automation Conference. 2007. doi: 10.1145/1278480.1278545

6. H. Falk und J. C. Kleinsorge: "Optimal Static WCET-Aware Scratchpad Allocation of Program Code". In: Proceedings of the 46th Annual Design Automation Conference. 2009. isbn: 978-1-6055-8497-3.

7. P. Gai und M. Violante: "Automotive embedded software architecture in the multi-core age". In: 21th IEEE European Test Symposium. 2016. doi: 10.1109/ETS.2016.7519309.

8. P. Jungklass und M. Berekovic: "Effects of concurrent access to embedded multicore microcontrollers with hard real-time demands". In: IEEE 13th International Symposium on Industrial Embedded Systems. 2018. isbn: 978-1-5386-4155-2/18.

9. P. Jungklass und M. Berekovic: "Static Allocation of Basic Blocks Based on Runtime and Memory Requirements in Embedded Real-Time Systems with Hierarchical Memory Layout". In: Second Workshop on Next Generation Real-Time Embedded Systems. 2021. isbn: 978-3-95977-178-8

10. P. Jungklass und M. Berekovic: "Intercore-Kommunikation für Multicore- Mikrocontroller". In: Tagungsband Embedded Software Engineering Kongress. 2018. isbn: 978-3-8343-3447-3.

11. Infineon Technologies AG: "AURIX TC3xx Target Specification V2.0.1". 2016.

12. Infineon Technologies AG: "AURIX TC29x B-Step User's Manual V1.3". 2014.

13. T. Mitra et al.: "Time-Critical Systems Design: A Survey". In: IEEE Design&Test. 2018. doi: 10.1109/MDAT.2018.2794204

14. I. Puaut und C. Pais: "Scratchpad memories vs locked caches in hard real-time systems: a qualitative and quantitative comparison". In: Institut de Recherche en Informatique et Systemes Aleatoires – Publication Interne No 1818. 2006. issn: 1166-8687.

15. R. Schneider et al.: "Software Parallelization in Automotive Multi-Core Systems". In: SAE Technical Paper. 2015. doi: 10.4271/2015-01-0189.

16. A. Shrivastava et al.: "Performance Comparison of AMBA Bus-Based System-On-Chip Communication Protocol". In: International Conference on Communication Systems and Network Technologies. 2011. doi: 10.1109/CSNT.2011.98

17. L. Wehmeyer und P. Marwedel.: "Influence of memory hierarchies on predictability for time constrained embedded software". In: Design, Automation and Test in Europe. 2005. doi: 10.1109/DATE.2005.183.

Zeitgesteuerte Kommunikationsschnittstellen in unterschiedlichen Anwendungskontexten

Raimund Kirner[1] und Peter Puschner[2]

[1] Department of Computer Science, University of Hertfordshire, Hatfield, UK
r.kirner@herts.ac.uk
[2] TU Wien, Vienna, Austria
peter@vmars.tuwien.ac.at

Zusammenfassung. Zeitgesteuerte Kommunikationsprotokolle bieten eine Vielzahl von Vorteilen für die Konstruktion von sicherheitskritischen Echtzeitapplikationen: der Nachrichtentransport ist zeitlich determiniert und die Realisierung von Fehlertoleranz durch die Replikation von Knoten bzw. des Netzwerks kann sehr einfach umgesetzt werden. Außerdem unterstützt die Spezifikation des statischen, über die Zeit vorhersagbaren Zugriffsverhaltens der Netzwerkschnittstelle die Composability von Netzwerkkomponenten im Zeitbereich. In dieser Arbeit zeigen wir, wie Echtzeitapplikationen in Abhängigkeit von ihren Anforderungen die Schnittstelle eines zeitgesteuerten Kommunikationssystems auf unterschiedliche Weise verwenden und von den Eigenschaften der zeitgesteuerten Kommunikation profitieren können.

1 Einleitung

Zeitgesteuerte Kommunikationssysteme sind besonders für die Kommunikation in verteilten, zuverlässigen Echtzeitsystemen geeignet [7]: In zeitgesteuerten Systemen werden Übertragungszeitpläne für alle Nachrichten vor der Laufzeit definiert, sodass die Übertragungszeiten und Bandbreiten für alle Nachrichten bereits vor der Laufzeit garantiert werden können. Die Inhalte der zeitgesteuerten Zustandsnachrichten werden an den Kommunikationsendpunkten wie Programmvariablen geschrieben und gelesen, die eine bekannte Gültigkeitsdauer und Aktualisierungsrate haben. Im Gegensatz zu ereignisgesteuerten Systemen sind die Knoten von zeitgesteuerten Systemen daher weder unbekannten Empfangszeitpunkten von Nachrichten noch einer unbekannten Last und damit einem unbekannten Verarbeitungsdruck durch die Nachrichten aus dem Kommunikationssystem ausgesetzt [8]. Die Verwendung von Zustandsnachrichten unterstützt zudem die Bereitstellung von Fehlertoleranz durch räumliche und zeitliche Nachrichtenredundanz.

Das Buch von Kopetz [7] gibt einen guten und detaillierten Überblick über die Funktionsweise und Eigenschaften von zeitgesteuerten Kommunikationssystemen. Realisierungen zeitgesteuerter Kommunikationsprotokolle finden sich in TTP [5], TTEthernet [4] und FlexRay [2]. In der Literatur findet man für den Zugriff von Applikationen auf die zeitgesteuerten Nachrichten neben dem synchronen, zeitgesteuerten Zugriff auch asynchrone Zugriffsmethoden, wie z.B. in [9] (NBW) oder [1].

Während wir in unseren früheren Arbeiten [3,11] die Eigenschaften des asynchronen bzw. synchronen Zugriffs von Applikationen auf zeitgesteuerte Kommunikationsdaten systematisch analysieren, beleuchtet die vorliegende Arbeit, wie diese beiden Zugriffsmethoden von unterschiedlichen Applikationen genutzt werden können. Die Abschnitte 2 und 3 fassen die Funktionsweise von zeitgesteuerter Kommunikation und die Eigenschaften der beiden Zugriffsmethoden zusammen, während die verschiedenen Anwendungen der Zugriffsmethoden im Abschnitt 4 präsentiert werden.

2   Zeitgesteuerte Kommunikation

Ein zeitgesteuertes Kommunikationssystem ist ein autonomes Teilsystem eines verteilten Echtzeit-Computersystems, das Zustandsnachrichten zwischen den Knoten des Computersystems in einer zeitlich vorhersehbaren Weise transportiert [6]. Zeitgesteuerte Nachrichten haben eine bekannte Sendezeit und werden periodisch versendet. Das Kommunikationssystem transportiert die Nachrichten von ihrem Senderknoten zu einem oder mehreren Empfängerknoten, indem es einen statischen Nachrichtenübertragungsplan, der zur Entwurfszeit erstellt wird, interpretiert. Das Uhrensynchronisationsservice des Kommunikationssystems stellt dem verteilten System eine globale Zeit zur Verfügung. Die Kommunikationsschnittstellen, die das Kommunikationssystem mit den Knoten verbinden, verwenden diese global verfügbare Zeit, um ihre Nachrichtensende- und -empfangsoperationen entsprechend dem Nachrichtenübertragungsplan zu koordinieren. Darüberhinaus können die Applikationsrechner der Knoten die Schnittstelle so programmieren, dass sie (periodische) Zeitinterrupts erzeugt. Dies ermöglicht es den Applikationsrechnern, ihre Operationen mit der globalen Zeit zu synchronisieren (siehe z.B. [10]).

Abbildung 1 skizziert die Struktur eines zeitgesteuerten verteilten Computersystems. Die Knoten des verteilten Systems bestehen aus den Applikationsrechnern und Schnittstellenkomponenten. Auf der anderen Seite bilden die Schnittstellen aller Knoten und das Kommunikationsnetzwerk zusammen das zeitgesteuerte Kommunikationssystem. Die vertikalen, roten unterbrochenen Linien durch die Schnittstellen markieren die Trennlinie zwischen den Netzwerkknoten und dem Kommunikationssystem.

Da zeitgesteuerte Kommunikationssysteme Zustandsnachrichten verwenden, muss, im Unterschied zur ereignisgesteuerten Kommunikation, nicht jede Nachricht genau einmal von jedem Empfänger interpretiert werden. Damit kann man in zeitgesteuerten Systemen den Empfängern von Nachrichten ein hohes Maß an Autonomie bei der Kontrolle der zeitlichen Abläufe ihrer lokalen Aktionen (z.B. durch die Wahl einer geeigneten Schedulingstrategie) einräumen. Auf der anderen Seite können sich die Applikationsrechner die vom zeitgesteuerten Kommunikationssystem aufgebaute Zeitbasis und das bekannte Übertragungsmuster der Nachrichten zunutze machen, um ihre eigenen lokalen Aktionen, wie auch

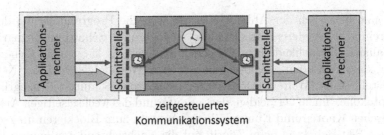

Abb. 1. Systemmodell eines zeitgesteuerten Kommunikationssystems.

das Schreiben und Lesen von Nachrichten, an den Übertragungsplan des Kommunikationssystems anzupassen. Mit dieser Strategie können z.B. kurze Antwortzeiten von Transaktionen, an denen mehrere Rechner beteiligt sind, erreicht werden.

3 Zugriffsstrategien für zeitgesteuerte Netzwerkschnittstellen

Ein Knoten kann entsprechend der Erfordernisse einer Anwendung auf die Schnittstelle des zeitgesteuerten Kommunikationssystems auf eine von zwei verschiedenen Arten zugreifen: Der Zugriff kann zeitunabhängig, d.h. asynchron zur Arbeit des Kommunikationssystems, oder zeitsynchron mit der Nachrichtenübertragung durch das Kommunikationssystem erfolgen [11].

3.1 Asynchroner Schnittstellenzugriff

In zahlreichen Echtzeitsystemen werden die Tasks, die auf den Applikationsrechnern laufen, ereignisgesteuert, d.h. durch die Beobachtung von relevanten Ereignissen in der Umgebung aktiviert. Das Scheduling solcher Systeme erfolgt zur Laufzeit mittels dynamischer Schedulingverfahren und führt zum asynchronen Zugriff auf die Schnittstelle des Kommunikationssystems.

Das Kommunikationssystem stellt ereignisgesteuerten Systemen eine Shared-Memory Schnittstelle zur Verfügung. Es überträgt zu sendende Daten periodisch bzw. aktualisiert Daten, die von einem Knoten gelesen werden, in regelmäßigen Zeitabständen, wobei empfangene Daten jeweils eine bekannte, minimale Gültigkeitsdauer haben. Durch die vom Netzwerk definierte Aktualisierungsrate der Schnittstellendaten bildet die Schnittstelle eines zeitgesteuerten Kommunikationssystems eine Kontrollflussbarriere zwischen den Knoten des verteilten Systems. Das bedeutet, dass Knoten, die Nachrichten empfangen, nie einer unbekannten Last durch das Kommunikationssystem ausgesetzt sind. Damit kann es nicht zur Überlastung eines Knotens durch das Sendeverhalten anderer Knoten (Hochlast) kommen.

Das asynchrone Schreiben und Lesen der zeitgesteuerten Kommunikationsschnittstelle gibt den Knoten eines Echtzeitsystems einerseits ein hohes Maß an

Autonomie bezüglich der Ablaufsteuerung, was die Programmierung der Knoten vereinfacht. Andererseits erschwert asynchroner Schnittstellenzugriff aber die Realisierung replikadeterministischer Systeme: es kann nicht sichergestellt werden, dass redundante Knoten die gleichen Wertefolgen von der Netzwerkschnittstelle lesen. Weiters erfordert der asynchrone Schnittstellenzugriff spezielle Protokolle, um zu vermeiden, dass es aufgrund des wechselseitigen Ausschlusses zwischen Knoten und Kommunikationssystem zum Blockieren und somit zu zeitlichen Seiteneffekten beim Zugriff auf die Nachrichtendaten kommt [1, 11].

3.2   Synchroner Schnittstellenzugriff

Beim zeitsynchronisierten Zugriff werden die Zeitpunkte von Lese- und Schreiboperationen der Knoten auf die Schnittstelle mit der Nachrichtenübertragung durch das Kommunikationssystem synchronisiert. Damit werden einerseits Zugriffskonflikte auf die gemeinsamen Daten vermieden, andererseits kann die Nachrichtenlatenz zwischen Sender und Empfänger auf diese Weise kurz gehalten werden. Eine solche Synchronisation von Sende- und Empfangstasks stellt sicher, dass Nachrichtensender ihre Daten unmittelbar vor dem Transport durch das Netzwerk an die Schnittstelle übergeben, bzw. umgekehrt Empfängertasks Daten unmittelbar nach dem Nachrichtenempfang am Knoten aus der Schnittstelle auslesen. Ein zeitgesteuertes Kommunikationssystem kann die Synchronisation der Knoten mit Hilfe eines Uhrensynchronisationsinterrupts unterstützen [11].

Der synchrone Schnittstellenzugriff bringt eine Reihe von Vorteilen: Erstens wird durch die Synchronisierung der Schreib- und Lesevorgänge auf allen Knoten mit der globalen Zeit der Jitter der Nachrichtenverzögerung klein gehalten. Bei Verwendung eines synchronisierten, tabellengesteuerten Schedulers auf den Knoten kann dieser Jitter im Bereich der Synchronisationsgenauigkeit mit der globalen Uhr gehalten werden.

Mit tabellengesteuerten Schedules, die synchron zur Nachrichtenübertragung interpretiert werden, kann die Abarbeitung von Tasks so an die Nachrichtenkommunikation angepasst werden, dass die Antwortzeiten von Echtzeittransaktionen, die sich über mehrere Knoten erstrecken, kurz gehalten werden können.

Wenn sowohl die Datenverarbeitung auf den Knoten, als auch die Datenübertragungen durch das Kommunikationssystem einem globalen Zeitplan folgen, dann ist die Information über die zu übertragenden Datenelemente und deren Alter implizit in allen Knoten des verteilten Echtzeitsystems verfügbar. Diese Informationen müssen daher nicht in den Nachrichten gespeichert und transportiert werden.

Schlussendlich hilft ein synchronisierter und geplanter Schnittstellenzugriff, replikadeterministische Systeme zu bauen, was für die Konstruktion von fehlertoleranten Systemen entscheidend ist. Da ein zeitsynchronisierter Zugriff eine vorgegebene Reihenfolge und ein vorgegebenes Timing aller Lese- und Schreiboperationen auf die Kommunikationsschnittstelle erzwingt, können Schnittstellen-Zugriffe durch replizierte Komponenten so geplant werden, dass sie stets auf denselben Nachrichteninstanzen und Eingaben arbeiten.

3.3   Vergleich synchroner versus asynchroner Schnittstellenzugriff

Tabelle 1 vergleicht die Eigenschaften der beiden Zugriffsstrategien auf eine zeitgesteuerte Kommunikationsschnittstelle. Der asynchrone Zugriff hat den Vorteil, dass die Applikationsrechner des Systems vollkommen autonom agieren können. Die Komplexität beim Entwickeln der Anwendungssoftware kann niedrig gehalten werden, da das lokale Task-Scheduling nicht durch die Übertragungszeitpunkte der Nachrichten eingeschränkt wird. Auf der anderen Seite erlaubt es der synchrone Schnittstellenzugriff, die Aktivierungszeiten der Tasks so an die Übertragungszeitpunkte der Nachrichten anzupassen, dass kurze Antwortzeiten von Echtzeittransaktionen erzielt werden können. Die Synchronisation von Taskausführung und Nachrichtenübertragung führt zu einer großen Vereinfachung bei der Konstruktion replikadeterministischer, fehlertoleranter Echtzeitsysteme.

| | Zugriff auf Netzwerschnittstellen | |
Eigenschaft	asynchron	synchron
Kontrolle im Rechner	vollständige Autonomie	Anpassung an Netzwerk
Schwankung Datenalter	2× Nachrichtenperiode	Präzision Netzwerkuhren
Phasenabstimmung Tasks	nein	ja
Kodierung von Zeit	Wert (explizit)	Kontrollsignal (implizit)
Replikadeterminismus	nein	ja
Konstruktionsaufwand	niedrig	mittel bis hoch

Tabelle 1. Vergleich asynchroner versus synchroner Zugriff auf eine zeitgesteuerte Netzwerkschnittstelle.

4   Fallstudien von Echtzeitanwendungen

Im folgenden beschreiben wir unterschiedliche Anwendungsdomänen von Echtzeitsystemen, um die Variabilität von Echtzeitanforderungen zu veranschaulichen.

4.1   Flugzeug-Autopilot

Ein *Flugzeug-Autopilot* ist eine Echtzeitanwendung, mit welcher die Flugbahn eines Flugzeuges automatisch gesteuert wird. Ein Flugzeug-Autopilot muss kurze Antwortzeiten haben, da Flugzeuge mit sehr hoher Geschwindigkeit fliegen. Zugleich hat ein Flugzeug-Autopilot eine hohe Zeitanforderung, da Variationen in der Antwortzeit sehr gering sein müssen. Ein Flugzeug-Autopilot benötigt eine hohe Ausfallsicherheit, da während des Fluges kein sicherer Fehlerzustand möglich ist. Allerdings kann im Falle eines Ausfalles je nach Flugzeugmodell der Pilot eingreifen und mit manueller Kontrolle fliegen. Bei Flugzeugen mit hoher Manövrierfähigkeit ist allerdings eine Computer-Steuerung notwendig, da das Flugverhalten inhärent instabil ist.

4.2 Elektronische Lenkung

Das Charakteristikum einer *elektronischen Lenkung* ist die Ersetzung der mechanischen/hydraulischen Verbindung zwischen Lenkrad und Rädern durch computergesteuerte Aktuatoren. Elektronische Lenkung ist eine Anwendung mit hoher Sicherheitsanforderung. Zugleich hat eine elektronische Lenkung sehr strikte Echtzeitanforderungen wie etwa kurze Antwortzeiten und hohe Zeitanforderungen. Elektronische Lenkung benötigt auch eine hohe Ausfallsicherheit, da es Fehler auch bei hoher Fahrgeschwindigkeit tolerieren können muss. Derzeit ist die Anwendung einer elektronischen Lenkung allerdings in den meisten Gerichtsbarkeiten noch nicht zugelassen.

4.3 Fernchirurgie

Fernchirurgie ist eine Form der Telepräsenz mit sehr strikten Echtzeitanforderungen. Die Bedienelemente für den Chirurgen müssen mit dem Operationsroboter mittels Hochgeschwindigkeitsnetzwerken verbunden sein. Der Chirurg bekommt zur Kontrolle des Operationsvorganges visuelles Feedback mittels einer Videoübertragung mit typischerweise 24 Bildern pro Sekunde. Diese Videoübertragung muss durchgehend gefiltert werden zur Verbesserung der Bildqualität und damit zur Verringerung der kognitiven Belastung des Chirurgen. Fernchirurgie benötigt auch eine hohe Ausfallsicherheit, da auch bei technischen Fehlern die Sicherheit des Patienten garantiert werden muss. Diese Ausfallsicherheit kann durch geeignete Redundanzen erreicht werden. Alternativ könnte auch ein vor Ort anwesender Chirurg die Operation im Fehlerfall übernehmen.

4.4 Kabinendruckkontrolle

Kabinendruckkontrolle zur Regelung des Luftdruckes innerhalb des Flugzeuges ist in modernen Flugzeugen notwendig, um den Fluginsassen einen komfortablen Luftdruck in unterschiedlichen Flughöhen bieten zu können. Bei einer typischen Reiseflughöhe von 11km wird beispielsweise klimatisierte Luft in das Flugzeug gepumpt, um den Luftdruck einer Flughöhe von etwa 2.4km zu simulieren. Die Kabinendruckkontrolle ist eine sicherheitskritische Anwendung, da deren Ausfall in der Reiseflughöhe zum Tod der Insassen führen kann. Die Echtzeitanforderungen der Kabinendruckkontrolle kommen daher, dass man den Luftdruck möglichst gleichmäßig regeln möchte, um den Übergang zur virtuellen Höhe für die Flugzeuginsassen ohne Unannehmlichkeiten zu erreichen. Ein Flugzeug braucht nach dem Start etwa 15-20 Minuten bis die Reiseflughöhe erreicht wird, womit eine Anpassung des Luftdruckes alle paar Sekunden ausreicht. Die Zeitanforderung der Kabinendruckkontrolle ist daher relativ gering, da geringe Schwankungen im Zeitverhalten der Luftdruckanpassung keine ernsthaften Konsequenzen haben. Die Kabinendruckkontrolle benötigt eine hohe Ausfallsicherheit im Falle von Fehlern. Sollte die Kabinendruckkontrolle komplett ausfallen, dann muss als letzte Rettung auf die Verwendung von Sauerstoffmasken zurückgegriffen werden.

4.5 Strukturelle Integritätsüberwachung

Unter *Struktureller Integritätsüberwachung* (SIÜ) versteht man die langzeitige Überwachung der strukturellen Integrität einer Brücke oder anderer Bauwerke. SIÜ benutzt in die Bauwerksstruktur eingebettete Sensoren um Informationen über etwaige strukturelle Veränderungen wie Belastung und Dehnung zu bekommen. Da SIÜ für Brücken und Flugzeuge angewendet wird, ist es definitiv eine sicherheitskritische Anwendung. Wenn auf Brücken oder Gebäude angewendet, sind die notwendigen Antwortzeiten relativ lang, da diese Überwachung über Jahrzehnte durchgeführt wird, und Veränderungen im Erdreich generell relativ langsam erfolgen. Für SIÜ von Brücken oder Gebäuden reichen relativ lange Antwortzeiten aus. Trotzdem müssen die zeitlichen Schwankungen der Antwortzeiten relativ gering sein, damit man vorhersagbare Updates von allen Sensoren bekommt. Während die strukturelle Integrität von Brücken und Gebäuden eine sicherheitskritische Eigenschaft ist, sind diese bei einem Ausfall von SIÜ immer noch kurzfristig benutzbar. Es wird daher bei SIÜ von Brücken und Gebäuden keine hohe Ausfallsicherheit benötigt, da eine kurzfristige Reparaturmöglichkeit ausreichend ist.

4.6 Motoreinspritzung

Die *Motoreinspritzung* steuert die Treibstoffzufuhr für interne Verbrennungsmaschinen. Eine Motoreinspritzung erfordert relativ kurze Antwortzeiten mit einer sehr geringen Zeitvariabilität. Der Motor eines Sportwagens kann beispielsweise 15,000 Umdrehungen pro Minute laufen, was etwa 4ms pro Umdrehung entspricht. Um eine präzise Treibstoffeinspritzung zu erreichen sind eine Einspritzung mit absoluter Genauigkeit und geringer Variabilität im Zeitverhalten notwendig. Motoreinspritzung hat eine mittlere Sicherheitsanforderung, da falsche Einspritzzeitpunkte den Motor beschädigen können, aber im Allgemeinen keine unmittelbare Gefährdung für menschliches Leben darstellen. Eine Motoreinspritzung benötigt keine Ausfallsicherheit.

4.7 Stahlwalzwerk, Nylondehnung

Ein *Stahlwalzwerk* ist eine Fabrik für die Herstellung von Stahl, und *Nylondehnung* dehnt Materialien wie Nylon zu einer dünnen Folie. Beide Anwendungen haben mittlere Sicherheitsanforderung, da sie keine unmittelbare Gefahr für menschliches Leben darstellen, aber hohe Folgekosten anfallen können, wenn ein Fehler auftritt, beispielsweise wenn ein Werkstück blockiert oder sich verfängt aufgrund der Verletzung von Zeitanforderungen. Die Echtzeitanforderungen beider Anwendungen ist definiert durch die Dynamik der zu transportierenden Materialien, typischerweise kurze Antwortzeiten mit mittlerer Zeitanforderung. Beide Anwendungen benötigen keine Ausfallsicherheit.

4.8   Multimedia-Unterhaltung: Videoübertragung

Videoübertragung kann in vielen sicherheitskritischen Anwendungen zum Einsatz kommen, wie etwa in der Fernchirurgie, welche in Abschnitt 4.3 beschrieben ist. Im Gegensatz dazu wollen wir in diesem Abschnitt Videoübertragung als ein Anwendungsbeispiel für Multimedia-Unterhaltung mit inkludierter Tonübertragung diskutieren, wo die Sicherheitsanforderung gering ist. Nichtsdestotrotz, um eine akzeptable Audio- und Bildqualität bei der Videoübertragung zu erhalten, können strikte Echtzeitanforderungen notwendig sein. Falls es sich dabei um eine Zweiwege-Kommunikation handelt, dann müssen definitiv die Antwortzeiten gering sein. Im Falle der Einweg-Kommunikation sind die Antwortzeiten und damit einhergehend die Verzögerungen nicht so kritisch. Trotzdem ist die Zeitanforderungen mindestens auf mittlerer Stufe, da Schwankungen in der Datenübertragung zu visuellen Artefakten und sehr störenden akustischen Störgeräuschen führen kann. Filmübertragung für Multimedia-Unterhaltung im Allgemeinen benötigt keine hohe Ausfallsicherheit. Trotzdem kann es Fälle geben, wo eine hohe Ausfallsicherheit aufgrund der involvierten Kosten sehr wohl notwendig ist, wie etwa im Falle von Massenkommunikation über Satelliten.

4.9   Diskussion

Im Folgenden untersuchen wir für die in Abschnitt 4 vorgestellten Echtzeitanwendungen, inwieweit für diese zeitgesteuerte Kommunikationssysteme empfehlenswert sind, beziehungsweise welche Art von zeitgesteuerten Netzwerkschnittstellen passend ist.

Anwendung	SA: Sicherheits- anforderung	AZ: Antwort- zeiten	ZA: Zeitan- forderung	AS: Ausfall- sicherheit benötigt	TT: zeitgesteuerte Kommunikation	STT: synchrone Schnittstelle
Flugzeug-Autopilot	hoch	kurz	hoch	ja	ja	ja
Elektronische Lenkung	hoch	kurz	hoch	ja	ja	ja
Fernchirurgie	hoch	kurz	hoch	ja	ja	ja
Kabinendruckkontrolle	hoch	mittel	mittel	ja	ja	nein
Strukturelle Integritätsüberwachung	hoch	lang	hoch	nein	eventuell	nein
Motoreinspritzung	mittel	kurz	hoch	nein	ja	ja
Stahlwalzwerk / Nylondehnung	mittel	kurz	hoch	nein	ja	ja
Multimedia-Unterhaltung	niedrig	kurz	mittel	nein	nein	n.a.

Tabelle 2. Eigenschaften von Echtzeit-Anwendungen

Tabelle 2 zeigt für die unterschiedlichen Echtzeitanwendungen Anforderungen zu Zuverlässigkeit und Echtzeitverhalten. Die Anwendungen in dieser Tabelle sind primär nach deren Sicherheitsanforderung geordnet, sowie sekundär nach deren Antwortzeiten. Die *Antwortzeit* (AZ) charakterisiert die geforderte Geschwindigkeit des Systems, während die *Zeitanforderung* (ZA) die erlaubten

Schwankungen des Zeitverhaltens relativ zu der Größenordnung der Antwortzeiten beschreiben. Von der Perspektive der Systemzuverlässigkeit zeigen wir die *Sicherheitsanforderung* (SA) welche die Konsequenzen eines Systemausfalles klassifizieren, sowie die *Ausfallsicherheit* (AS) welche beschreibt ob das System eine sehr geringe Wahrscheinlichkeit eines Systemausfalles benötigt.

Die Spalte *zeitgesteuerte Kommunikation* (TT, von engl. Time-Triggered) in Tabelle 2 beschreibt, ob für die konkrete Applikation ein zeitgesteuertes Kommunikationssystem empfehlenswert ist.

Die Spalte *synchrone Schnittstelle* (STT) beschreibt, ob im Falle eines zeitgesteuerten Kommunikationssystems für die konkrete Anwendung eine synchrone Kommunikationsschnittstelle empfehlenswert ist.

Beispielsweise im Falle des *Flugzeug-Autopiloten* hat das System eine hohe Anforderung sowohl im Echtzeitbereich sowie auch in der Zuverlässigkeit, womit diese Anwendung ein natürlicher Kandidat für ein zeitgesteuertes Kommunikationssystems ist, am besten mit einem synchronen Kommunikationsinterface.

Auf der anderen Seite des Spektrums hat man die *Multimedia-Unterhaltung*, welche relativ geringe Anforderungen im Echtzeitbereich sowie auch in der Zuverlässigkeit hat, womit es schwierig ist, den extra Kostenaufwand für ein zeitgesteuertes Kommunikationssystem zu rechtfertigen.

Die anderen Applikationen liegen zwischen den beiden Extremfällen. Zum Beispiel bei der *Strukturelle Integritätsüberwachung* (SIÜ) wird ein regelmäßiges Überwachen von winzigen Bewegungen durchgeführt, um strukturelle Probleme frühzeitig erkennen zu können. Hier hat man für eine Echtzeitanwendung ungewöhnlich hohe Antwortzeiten, aber trotzdem eine hohe Zeitanforderung relativ zu den hohen Antwortzeiten. SIÜ ist ein Grenzfall und könnte durchaus mit einem zeitgesteuerten Kommunikationssystem ausgestattet werden, da man hier hohe Sicherheitsanforderungen sowie auch eine statische Systemkonfiguration hat, da beispielsweise die Anzahl der Sensoren sich im Normalbetrieb nicht ändert. Der extra Aufwand für einen synchronen Schnittstellenzugriff ist bei SIÜ allerdings nicht zu rechtfertigen.

Zusammengefasst zeigt Tabelle 2 einige brauchbare Faktoren um zu entscheiden ob ein zeitgesteuertes Kommunikationssystem empfehlenswert ist, und wenn ja, welche Form von Schnittstellenzugriff am besten geeignet ist.

5 Zusammenfassung

Zeitgesteuerte Kommunikationsprotokolle haben eine etablierte Nische im Bereich von sicherheitskritischen Echtzeitanwendungen. In diesem Artikel haben wir grundlegende Eigenschaften von zeitgesteuerten Kommunikationsprotokollen diskutiert, mit speziellem Fokus auf die unterschiedliche Zugriffsstrategien, nämlich asynchroner und synchroner Schnittstellenzugriff.

Weiters haben wir in diesem Artikel eine Analyse unterschiedlicher Echtzeitanwendungen gemacht im Hinblick auf deren Echtzeit- und Sicherheitsanforderungen. Basierend auf dieser Analyse haben wir aufgezeigt, ob für diese Anwendungen ein zeitgesteuerte Kommunikationsprotokoll empfehlenswert ist, und wenn ja, in welcher Weise (synchron oder asynchron) auf die Schnittstelle zugegriffen werden sollte. Wir haben bewusst eine größere Bandbreite von Anwendungsanforderungen gewählt, damit diese Empfehlungen auch leichter auf andere Echtzeitanwendungen übertragbar sind.

Literaturverzeichnis

1. J. Chen und A. Burns: Loop-free asynchronous data sharing in multiprocessor real-time systems based on timing properties. In: Proc. 6th Int'l Conference on Real-Time Computing Systems and Applications (RTCSA'99). pp. 236–246 (1999). https://doi.org/10.1109/RTCSA.1999.811236
2. FlexRay Consortium: FlexRay Communications System - Protocol Specification, Version 2.0, 2.0 edn. (Jun 2004)
3. R. Kirner und P. Puschner: A quantitative analysis of interfaces to time-triggered communication buses. IEEE/ACM Transactions on Networking **29**(4), 1786–1797 (August 2021). https://doi.org/10.1109/TNET.2021.3073460, `https://doi.org/10.1109/TNET.2021.3073460`
4. H. Kopetz, A. Ademaj, P. Grillinger K. Steinhammer: The time-triggered ethernet (tte) design. In: Eighth IEEE Int'l. Symposium on Object-Oriented Real-Time Distributed Computing. pp. 22–33 (2005). https://doi.org/10.1109/ISORC.2005.56
5. H. Kopetz und G. Grünsteidl: TTP — A Protocol for Fault-Tolerant Real-Time Systems. IEEE Computer pp. 14–23 (January 1994)
6. H. Kopetz: The time-triggered model of computation. In: Proc. IEEE Real-Time Systems Symposium. pp. 168–177. IEEE (1998)
7. H. Kopetz: Real-Time Systems – Design Principles for Distributed Embedded Applications. Springer, London, UK, 2nd edn. (2011). https://doi.org/10.1007/978-1-4419-8237-7, iSBN: 978-1-4419-8236-0
8. H. Kopetz und R. Nossal: Temporal firewalls in large distributed real-time systems. In: 6th IEEE Computer Society Workshop on Future Trends of Distributed Computing Systems (1997)
9. H. Kopetz und J. Reisinger: The non-blocking write protocol NBW: A solution to a real-time synchronization problem. In: Proc. IEEE Real-Time Systems Symposium. pp. 131–137 (Dec 1993)
10. P. Puschner und R. Kirner: From time-triggered to time-deterministic real-time systems. In: Proc. 5th IFIP Working Conference on Distributed and Parallel Embedded Systems. pp. 115–124. Braga, Portugal (Oct 2006)
11. P. Puschner und R. Kirner: Asynchronous vs. synchronous interfacing to time-triggered communication systems. Journal of Systems Architecture – Embedded Software Design 103 (2020). https://doi.org/10.1016/j.sysarc.2019.101690

Ein Konferenzsystem mit biometrisch basierter Gesichtsvisualisierung für sehr große Teilnehmerzahlen

Thomas Wiedemann[1], Dirk Müller[1] und Robert Dominik[1]

Fakultät Informatik/Mathematik
HTW Dresden, 01069 Dresden
`{wiedem|muellerd|dominikr}@infomatik.htw-dresden.de`

Zusammenfassung. Der Beitrag beschreibt einen neuen Ansatz zur Implementierung von Konferenzsystemen mit verringerten Hardware- und Netzwerkanforderungen bei gleichzeitiger Reduzierung der Echtzeitanforderungen.

1 Einführung und Motivation

Die Corona-Pandemie hat zu einem Höhenflug von Videokonferenzsystemen geführt und damit völlig neue Formen von Online-Lehre und hybriden Geschäftssitzungen ermöglicht. Trotz dieser sehr starken Zunahme der Nutzung sind grundlegende technische und organisatorische Probleme immer noch existent:

- In der Regel ist die Bandbreite zwischen den Teilnehmern die primäre Limitierung. Leider ist dies in Deutschland durch den ungenügenden Breitbandausbau evident.
- Der gleichzeitige Empfang und/oder die gleichzeitige Verarbeitung von einer Vielzahl an Videos in einem Endgerät ist zusätzlich durch die Verarbeitungsbandbreite beim Nutzer begrenzt, insbesondere bei meist schlechter ausgerüsteten mobilen Geräten.
- Leider erreichen alternative Audiokonferenzen nicht das Informationsniveau einer Videokonferenz und sind auch schlechter juristisch dokumentierbar.
- Bei einer größeren Anzahl von Videoanzeigen von Teilnehmern kommt es durch die Bildschirmabmessungen zu natürlichen Limitierungen, selbst wenn der ganze Bildschirm mit sehr vielen kleinen Videoanzeigen belegt wird.

Es kann eingeschätzt werden, dass im Regelfall nur maximal 30 Videos technisch und visuell sinnvoll darstellbar sind. Bei größeren Teilnehmerzahlen, z.B. bei Online-Vorlesungen mit über 100 Hörern, kommt es in der Regel nur zur Video-Übertragung des Dozenten und ggf. der entsprechenden Vortragsunterlagen. Wie aktuelle praktische Erfahrungen zeigen, leidet dabei die Rückkopplung zu den Hörern sehr stark, da auch normale akustische Rückfragen deutlich seltener als in Präsenz-Vorlesungen beantwortet werden. Noch größere Teilnehmerzahlen, z.B. bei Großveranstaltungen mit einigen tausend Teilnehmern sind videotechnisch überhaupt nicht umfassend abbildbar, obwohl dies z.B. bei Hauptversammlungen bei AGs sehr hilfreich zur Erfassung der Stimmungslage der Aktionäre wäre.

2　Die Analyse der Echtzeitanforderungen

Die Analyse erfolgt für eine übliche Videokonferenz mit N Teilnehmern, welche aber in verschiedenen Szenarien und weiteren Detailkonfigurationen ablaufen kann. Es wird dabei von einem praktischen Szenario ausgegangen, dass auch bei sehr vielen Teilnehmern in der Regel meist nur ein Teilnehmer und maximal fünf Teilnehmer gleichzeitig sprechen. Bei einer Präsentation wird bei den meisten Videokonferenzsystemen der Bildschirm des Dozenten freigegeben und als Video übertragen. Aufgrund der größeren Bildschirmgröße, im Vergleich zum meist nur briefmarkengroßen Teilnehmervideo, ist diese Präsentationsübertragung nicht unerheblich bzgl. der Bandbreitenanforderungen. Bei üblichen Bildschirmfreigaben sind aber starke Kompressionseffekte erzielbar, wenn der Bildschirminhalt sich nicht ständig durch Animationen ändert. Bei aufwändigen Animationen kam es auch in Vorlesungen zu deutlichen Performanceproblemen bei der Übertragung an knapp 100 Studenten und es wurde sowohl in der Lehre als auch bei Online-Verteidigungen auf einen Verzicht von Animationen orientiert, was sich sehr positiv auf die Stabilität und Qualität der Videokonferenzen ausgewirkt hat. Es wird auch bei den nachfolgenden Untersuchungen von eher statischen Bildschirminhalten bei der Präsentation ausgegangen.

2.1　Anforderungen bei aktuellen Videokonferenzkonfigurationen

Bei Videokonferenzen sind folgende Szenarien üblich:

- Szenario 1 : Dozentenmodus 1 mit 1x Sprachübertragung
  Serverinput: 1 x Video Dozent, 1 x Audio (kurzzeitig max. 5 x Audio)
  Serveroutput zu N Teilnehmern: 1 x Video Dozent, 1 x Audio (Mix)
- Szenario 2 : Dozentenmodus 2 mit Sprachübertragung und Präsentation
  Serverinput: 1 x Video Dozent + 1 Video Präsentation, max. 5 x Audio
  Serveroutput zu N Teilnehmern: Videos Dozent+Präsentation, 1 x Audio
- Szenario 3/4 : Konferenzmodus mit Teilnehmervideo- und einer Sprachübertragung und optional mit Shared Screen (Option 4)
  Serverinput: N x Video, 1 x Audio (max. 5 x Audio)
  Serveroutput zu N Teilnehmern: N x Video, 1 x Audio

In der Summe ergeben diese Parameter sowohl für den Videokonferenzserver als auch für die Netzwerkinfrastruktur erhebliche Bandbreitenanforderungen. So wird z.B. beim Videokonferenzsystem BigBlueButton (kurz BBB, [1]), welches sehr oft in Bildungseinrichtungen eingesetzt wird, eine Mindestbandbreite von 250 Mbit/s gefordert, gern auch mehr. Stellt man gegenüber, dass noch vor kurzem einige kleinere Hochschulen mit nur 1 Gbit/s an das DFN-Netzwerk angebunden waren, so wäre dies ein Viertel der verfügbaren Bandbreite der gesamten Einrichtung. Und dies ist nur die Mindestanforderung. Die Installationsanforderungen von BBB in [1] verlangen auch mindestens ein 8 Core-System und es wird explizit von virtuellen Servern abgeraten.

Die Echtzeitanforderungen bei allen Übertragungen sind zwar weich („Soft real-time" nach [3] [6]), doch schon bei geringen Latenzen von mehr als 10 ms können die Videoübertragung gestört werden und Audio-Aussetzer auftreten, wenn keine Zwischenpufferung erfolgt. Zwischenpufferungen sind durchaus kritisch, da sie zu Differenzen zwischen Video und Audio führen oder unnötige Verzögerungen bei der Kommunikation an sich bewirken. Dies ist bereits bei einer Telefonie über Satellitennetze zu beobachten, wo die physikalischen Signallaufzeiten von ca. 2 * 0.2 Sekunden bei angeregten Diskussionen durchaus negativ spürbar sind.

Die Bandbreitenanforderungen sind bei größeren Teilnehmerzahlen noch kritischer, da insbesondere bei Szenario 3 und 4 die notwendige Bandbreite linear mit der Teilnehmerzahl wächst, wenn auf Serverseite keine starke Videokompression stattfindet. Eine grobe Abschätzung für verschiedene Teilnehmerzahlen kann Tab. 1 entnommen werden. Hervorzuheben sind die grau markierten Server-Output-Anforderungen im Gigabit/s-Bereich, was entsprechende Netzwerke voraussetzt. Zudem sind diese Werte nur für eine Konferenz berechnet, bei K Konferenzen, z.B. in einer Hochschule oder größeren Firma, sind diese Werte entsprechend mit K zu multiplizieren.

Die Berechnungen sind in einigen Teilen noch sehr konservativ, so werden mehrere Sprecher nicht berücksichtigt und der Shared Screen ist mit 1000 Kbit/s eher gering angenommen. Die Basisdaten aus [3] sind teilweise echte Messdaten, bezogen auf das BBB-System und weichen zum Teil um 50% von den theoretischen Werten nach oben ab. Anderseits sind starke Videokompressionen auf dem Server nicht berücksichtigt. So wird z.B. beim VC-System Jitsi während der Konferenzzeit die Qualität der Videos angepasst, wobei der genaue Algorithmus der Anpassung nicht bekannt ist (vgl. [4]).

Zusammenfassend kann eingeschätzt werden, dass sowohl die Server- als auch die Netzwerkanforderungen von traditionellen Videokonferenzsystemen von erheblicher Größenordnung sind. Das dies keine reine Theorie ist, zeigen die Parameter eines BBB-Konferenzsystems für die Schulen des Bundeslandes Hessen mit ca. 100 Servern und bis zu 10 Gbits/s maximaler Netzlast (nach [7]).

3   Neue Lösungsansätze

Ein zentraler Lösungsansatz dieses Beitrags ist die These, dass bei mehr als 20 Teilnehmern nicht mehr die zeit- und pixelgenaue Videoanzeige aller Teilnehmer relevant ist, sondern die allgemeine Resonanz der Teilnehmer über einen Mittelwert der Gesichtsausdrücke ausreichend ist. Dies lässt eine Analyse der Teilnehmergesichter mittels biometrischer Gesichtserkennung als ausreichend und sinnvoll erscheinen. Die Ergebnisse der Gesichtserkennung nur in der Form („Teilnehmer ist anwesend", „lächelt") können mit wenigen Statusbytes im Sekundentakt übertragen werden.

Darauf aufsetzend können serverseitig summarische Zusammenfassungen der Teilnehmerresonanz wie 35%-Neutral, 50%-positiv und 15%-negativ auch grafisch, z.B. mit dynamisch aktualisierten Tortendiagrammen im Client, dargestellt werden.

Tabelle 1. Bandbreitenabschätzung für traditionelle Videokonferenzsysteme

Basisdaten [3]			Einheit	
Audiobandbreite		60	Kbit/s	
Videobandbreite		150	Kbit/s	
Shared-Screen-Bandbreite		1000	Kbit/s	
Szenario	1	2	3	4
	Dozenten-modus ohne Präsentation	Dozenten-modus mit Shared-Screen-Präsentation	Konferenz-modus mit allen Webcams bei N Teilnehmern	Konferenz-modus mit allen Webcams und Shared Screen
Anzahl Sprecher	1	1	1	1
Anzahl Videos	1	1	N	N
Shared Screens	0	1	0	1
Audio-übertragungen	1	1	N	N
Serverdaten	Werte in Kbit/s			
Serverinput pro Tn	0	0	150	150
Serverinput Dozent	60	1060	60	1060
Serveroutput pro Tn	60	1060	210	1210
Anzahl Teilnehmer	Server-Output in Gbit/s			
10	0,0006	0,0106	0,0021	0,0121
100	0,006	0,106	0,021	0,121
1000	0,06	1,06	0,21	1,21
5000	0,3	5,3	1,05	6,05

3.1 Technische Lösung zur Gesichtserkennung

Die beindruckende Entwicklung von JavaScript erlaubt jetzt auch schon über-
zeugende Gesichtserkennungsleistungen in üblichen Webbrowsern. Im Fall der
JavaScript-Bibliothek „face-api.js" werden auf der Basis von Tensorflow-Algorith-
men selbst mit JavaScript im Webbrowser Gesichtserkennungen in annähern-
der Echtzeit möglich (vgl. [5] [2]). Die Gesichtserkennung mit der genannten
JavaScript-Bibliothek läuft in normalen Webbrowsern nach einer Initialisierungsphase von ca. 10 Sekunden beindruckend schnell und stabil.

Wie die Beispiele in Abb. 1 zeigen, sind auch mehrere Gesichter im Bild erkennbar, wobei das aktuell nicht das Ziel der Anwendung ist, aber in zukünftigen
Versionen ggf. für Konferenzen mit mehreren Personen an einem Arbeitsplatz
genutzt werden kann.

Abb. 1. Echtzeitbilderkennung mit Gesichtserkennung und Facemarkern (rechts)

Die in Abb. 1 rechts als Punkte gezeigten Facemarker werden durch die JS-Bibliothek als Array von ca. 50 Koordinatenpunkten bereitgestellt und können von der Anwendungsapplikation beliebig weiterverarbeitet werden. Es besteht sowohl die Möglichkeit, den kompletten Facemarker-Vektor in Sekundenabständen an den Server zu senden und dort sehr sicher zu verarbeiten oder auch im Browser mit den bisherigen Facemarkern zu vergleichen und bei identischer Person nur eine Statusmeldung der Form „Teilnehmer 1 [Tom Müller] {Lächelt}" zu senden. Bei Kodierung der TeilnehmerID als long integer und des Status mit einem Byte wäre diese Statusinfo 3 Byte lang.

Die Frequenz der Gesichtserkennung ist einstellbar und Experimente haben sinnvolle Werte von 4 bis 0,5 Hz gezeigt, d.h. bei als 4 Änderungen pro Sekunde sind die Änderungen für Menschen noch lesbar und eine Änderung aller 2 s erscheint immer noch ausreichend schnell. Damit ergeben sich resultierende Datenraten für die Gesichtserkennung zwischen 1,5 Byte/s bis zu 6 Byte/s.

3.2 Die resultierende Prinziparchitektur

Die entstehende neue Architektur zeigt Abb. 2.

Auf der Teilnehmerseite verfügt jeder Teilnehmer über die übliche Ausstattung mit einem Audiosystem und einer Videokamera. Die Hardwareanforderungen entsprechen traditionellen Videokonferenzsystemen und sind moderat bis gering. Das Video wird im Gegensatz zu normalen Videokonferenzsystemen jedoch nicht an den Server übertragen, sondern im Browser sofort in die Bibliothek zur Gesichtserkennung übernommen und es werden bei einem vorhandenen Gesicht der Facemarker-Vektor und weitere Parameter zur Qualitätsbewertung der

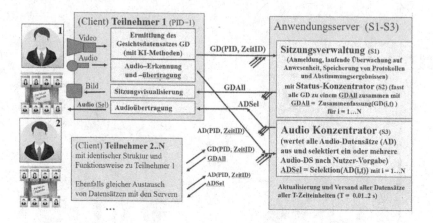

Abb. 2. Die neue System-Architektur für ein Konferenzsystem

Erkennung generiert. Der Umfang dieser Daten liegt bei einigen Hundert Byte und kann durch einfache Algorithmen noch weiter reduziert werden. So ist bei einer direkten Ähnlichkeitsanalyse im Browser mit den bisherigen Gesichtsdaten und einer Ableitung der TeilnehmerID und des Gesichtsausdrucks eine minimale Datenrate von ca. 3 Byte/s erreichbar.

Die Übertragung der Audiodaten des Sprechers, wobei technisch sicherge-stellt werden kann, dass nur ein Sprecher (oder max. 5) gleichzeitig sprechen, wird mit traditionellen Mitteln durchgeführt, d.h. der Audiostrom wird im Brow-ser aufgenommen, ggf. komprimiert und an den Server gesendet.

Auf der Serverseite werden alle eingehenden Gesichtsdatensätze, bestehend aus TeilnehmerID PUID, einem Zeitstempel und optional dem Gesichtsausdruck PA, erfasst und in einem Status-Konzentrator auf Änderungen überprüft. Nur wenn sich der Teilnahmestatus eines Teilnehmers ändert (Pausengang, Wechsel des Teilnehmers) oder sich optional der Gesichtsausdruck ändert, erfolgt eine Aktualisierung des Teilnehmerstatus und eine Aussendung an alle anderen Teil-nehmer. Geht man bei einer normalen Onlinekonferenz von einer moderaten Emotionsrate aus, so dürfte dies bei einem weitgehend konstanten Teilnehmer-feld zu einer Reduzierung der Aktualisierungsrate auf eine Aktualisierung aller 10 bis 30 Sekunden führen, d.h. im Mittel sollte sich der Gesichtsausdruck eines Teilnehmers nur aller 10 bis 30 Sekunden ändern. Die Echtzeitanforderungen sind dabei sehr weich, d.h. ob sich ein Gesichtsausdruck nach 0.1 oder 1 Se-kunde nach dem Witz des Dozenten auf „Lachen" im Client ändert, ist relativ unkritisch. Wichtig ist allerdings für den Dozenten, ob die Masse der Teilnehmer überhaupt lacht oder wie viel Prozent Zustimmung oder Ablehnung signalisieren. Da alle Teilnehmer-Clients den zentralen Gesichtsdatensatz von allen Teilneh-mern lokal speichern, werden trotz nur geringer Datenaktualisierungsrate alle Teilnehmer immer korrekt in allen Clients dargestellt.

3.3 Technische Umsetzung

Während die Implementierung der Gesichtserkennung mit der verfügbaren Bibliothek aus [5] relativ einfach war, ist die Implementierung einer hinreichend guten Audioübertragung überraschenderweise eine deutlich aufwändigere Anforderung. Trotz intensiver Suche nach JavaScript- Bibliotheken zur Audioübertragung auf den Server und zurück zu den Clients (mit N>>50) konnten keine qualitativ wirklich zufriedenstellenden Lösungen gefunden werden. Es wird daher aktuell der Weg verfolgt, die Gesichtserkennung in bestehende Videokonferenzsysteme wie das BigBlueButton-System zu integrieren oder bestehende Infrastrukturkomponenten dieser Systeme in einer Standalone-Umgebung zu nutzen.

Im BBB-System arbeiten mehrere Kurento-Multimediaserver und realisieren getrennt die Audio- und Videoübertragung. Es wird daher aktuell eine Standalone-Lösung mit dem Opensource-Kurento-Multimedia-Server und eine Integration in das BBB-System getestet (vgl. Abb. 3).

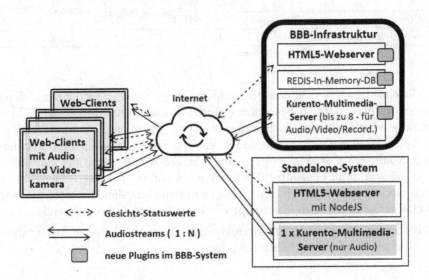

Abb. 3. Systemarchitekturen bei BBB-Integration und Stand-alone-Aufbau (unten rechts)

4 Bewertung der Bandbreiten und Echtzeitanforderungen

Mit dem neuen Ansatz lassen sich insbesondere bei einer echten Videokonferenz mit allen Teilnehmerkameras deutliche Bandbreiteneinsparungen von ca. 70% bis 80% erreichen (vgl. Tab. 2). Damit können entweder 3 bis 5x mehr Teilnehmer teilnehmen oder die technischen Anforderungen reduzieren sich auf 20% bis 30%.

Tabelle 2. Bandbreitenanforderungen des neuen Ansatzes mit Gesichtserkennung

Basisdaten des neuen Ansatzes				
Audio (bislang gleich)	60	60	60	60
Gesichtsstatus pro Tn	0,005	0,005	0,005	0,005
Shared Screen	0	1000	0	1000
Serveroutput pro Tn	60,005	1060,005	60,005	1060,005
Anzahl Teilnehmer	Serveroutput in Gbit/s			
10	0,00060005	0,01060005	0,00060005	0,01060005
100	0,0060005	0,1060005	0,0060005	0,1060005
1000	0,060005	1,060005	0,060005	1,060005
5000	0,300025	5,300025	0,300025	5,300025
in Prozent im Vergleich zum traditionellen Ansatz	29%	100%	17%	88%

Gleichzeitig zeigt sich, dass ein großformatiges Screen-Sharing per Video vermieden werden sollte, beispielsweise durch starke Kompression der Bildschirminhalte oder auch ein Auslagern von echten Videos auf externe Dienste wie YouTube. Weitere Optimierungsmöglichkeiten bestehen in der Reduzierung der Audiobandbereite, ebenfalls durch eine stärkere Kompression bis hinunter zu 2 Kbyte/s, was dann eher alter Telefonqualität entspricht. Für Anwendungsfälle mit schlechter Internetanbindung, z.B. in Entwicklungsländern wird dies akzeptabel sein, wenn dadurch überhaupt ein Videokonferenz-Feeling realisierbar ist.

Im **Sinne der Echtzeitanforderungen** verändert der neue Ansatz die oberen Grenzen des weichen Echtzeitmodus

- von ca. 10 bis 50 ms bei den herkömmlichen Video- und Audioübertragungen
- zu 200 ms bei den Audioübertragungen, da ein Versatz bei der Audioübertragung einfach durch eine Verzögerung bei der Aussendung der Gesichtsdatensätze erreicht werden kann,
- auf 1000 bis 2000 ms bei der Gesichtsdatenvisualisierung, was damit als sehr weiche Echtzeitanforderung bezeichnet werden kann.

In der Folge sind alle Hardware- und Netzwerkinfrastrukturkomponenten um den Faktor 5 bis 10 unkritischer oder einfacher auslegbar, was z.B. selbst in Deutschland in Schulen und öffentlichen Einrichtungen aufgrund der immer noch suboptimalen Netzwerkinfrastruktur sehr hilfreich sein kann.

5   Zusammenfassung und Ausblick

Mit dem Ansatz der webbasierten, biometrischen Gesichtserkennung können bei noch moderaten Hard- und Netzwerkanforderungen deutlich mehr Teilnehmer als bisher an Videokonferenzen teilnehmen. Dies erlaubt einerseits den Aufbau von Videokonferenzinfrastrukturen mit nur 20% des Aufwandes oder eine Verfünffachung der Teilnehmerzahl. Auch Highend-Konferenzen mit bis zu einigen Tausenden Teilnehmern sind damit deutlich einfacher umsetzbar.

Weitere Vorteile des neuen Lösungsansatzes sind:

– Eine **summarische Bewertung der Teilnehmerresponse**, so durch eine gestufte Bewertung mit {[Positiv], [Neutral], [Negativ]}, wobei hier viele Freiheitsgrade existieren. So können die Reaktionen als Farbbalken für einzelne Teilnehmergruppen visualisiert werden, vgl. Abb. 4. Man stelle sich eine Landtagssitzung vor, bei der erfahrungsgemäß alle Fraktionen außer der sprechenden Fraktion auf Gelb oder Rot gehen und aber Abweichungen in einzelnen Redepassagen hervorgehoben werden können. Dies könnte im Sinne eines Rede-Data-Minings zur Optimierung der Reden oder gar der Politik genutzt werden, wenn durch unerwartete Übereinstimmungen neue Kooperationsansätze gefunden werden könnten. In Deutschland ist natürlich die Frage des Datenschutzes sowohl bei der Gesichtserkennung als auch bei der Auswertung der emotionalen Reaktionen zu klären.
– Da keine echte Videoübertragung stattfindet, können für bestimmte Gesichtsausdrücke vorselektierte Grafiken oder auch Fotos, jeweils frei wählbar, angezeigt werden. Zusätzliche Erweiterungen sind möglich. So könnten die Gesichter auch auf andere Sitzungssäle oder beliebige Avatare gemorpht werden (vgl. Abb. 5 rechts mit einer Kombination eines Live-Gesichtsbildes und einem Foto – mit Quellen aus [5]).
– Weiterhin könnten **geheime Abstimmungen** mit Sequenzen von Gesichtsausdrücken auch hochvertraulich durchgeführt werden. Selbst bei völliger Kompromittierung der Übertragungsstrecke und der JS-Software im Browser wäre keine Detektion der Abstimmungsergebnisse möglich, da die Gesichtssequenz-Protokolle erst auf einem getrennten, komplett offline aufgesetzten Server ausgewertet werden, welcher nur über einen USB-Stick o.ä. angebunden ist.

Es ist geplant, Kernkomponenten des modular strukturierten Systems (vgl. Abb. 2 und Abb. 3) als Open Source zur Verfügung zu stellen.

positiv

neutral

negativ

Abb. 4. Statusinfo   **Abb. 5.**   **Abb. 6.**   Verschiedene   Gesichtsausdrücke als Kodierung einer Abstimmung
mit Bildern aus [5]

Literaturverzeichnis

1. BigBlueButton: BigBlueButton-Dokumentation – Installationsvoraussetzungen, `https://docs.bigbluebutton.org/2.3/install.html`, letzter Aufruf 31.08.2021
2. T. Hope, Y. S. Resheff, I. Lieder, K. Rother und T. Lotze: *Einführung in Tensor-Flow: Deep-Learning-Systeme programmieren, trainieren, skalieren und deployen*, Dpunkt Verlag GmbH, 2018
3. JAR Media GmbH: BigBlueButton-Bandbreitenrechner, `https://bbb-hilfe.de/bandbreitenrechner-fuer-bigbluebutton/`, letzter Aufruf 31.08.2021
4. Jitsi: Jitsi-Videokonferenz-System, `https://meet.jit.si`, letzter Aufruf 31.08.2021
5. V. Mühler: Softwarebibliothek „face-api.js", `https://github.com/justadudewhohacks/face-api.js`, letzter Aufruf 31.08.2021
6. C. Siemers: Echtzeit: Grundlagen von Echtzeitsystemen, `https://www.embedded-software-engineering.de/echtzeit-grundlagen-vonechtzeitsystemen-a-669520/` letzter Aufruf 31.08.2021
7. P. Stefani und D. Weymann: DSGVO-konforme Videokonferenzlösung aus der Cloud – Geht das? `https://blog.t-systems-mms.com/tech-insights/dsgvo-konforme-videokonferenzloesung-aus-der-cloud-geht-das`, letzter Aufruf 31.08.2021

Machine Learning für die Temperaturermittlung eines Permanentmagnet-Synchronmotors

Niklas Pickert* und Chunrong Yuan

Labor für Autonome Systeme
Fakultät für Informations-, Medien und Elektrotechnik
Technische Hochschule Köln, 50968 Köln
chunrong.yuan@th-koeln.de

Zusammenfassung. Der Einsatz automatisierter Zustandsüberwachungen für technische Systeme hat in der Automobilindustrie große Bedeutung erlangt. Optimierungen des Thermomanagements und der darin inbegriffenen Temperaturüberwachung des Elektromotors sind daher zum zentralen Aufgabenfeld für Automobilhersteller und -zulieferer geworden. Um Überlastungsfolgen sowie ineffiziente Kühlprozesse vorzubeugen, haben wir Verfahren des maschinellen Lernens untersucht und Vorhersagemodelle für die Temperaturermittlung der Permanentmagnete entwickelt. Durch die Analyse verfügbarer Sensordaten haben wir eine effiziente Methode für die Repräsentation der fortlaufenden Zeitreihendaten entworfen, wobei relevante Informationen aus dem vergangenen zeitlichen Ablauf berücksichtigt wurden. Der dadurch gewonnene Merkmalsvektor ist sowohl kompakt als auch informativ. Somit entbehrt die Notwendigkeit, ein sogenanntes Deep-Model für die Temperaturschätzung einzusetzen, was zur verbesserten Echtzeitfähigkeit des Verfahrens beigetragen hat. Die Vorhersagequalität des von uns entwickelten Ansatzes wurde durch Experimente bewertet. Der Vergleich mit einem alternativen Verfahren, das auf einer linearen Regression basiert, demonstriert das höhere Potenzial des vorgeschlagenen Verfahrens mit neuronalen Netzen.

1 Einleitung

Permanentmagnet-Synchronmotoren (PMSM) sind aufgrund ihrer hohen Effizienz und Leistungsdichte der meistverbaute Motorentyp in der Elektromobilität. Um eine ganzheitliche und sichere Funktionsweise des Motors langfristig sicherstellen zu können, ist ein effizientes Thermomanagement notwendig, damit wichtige Komponenten wie die Permanentmagnete vor thermischen Überlastungen geschützt werden und somit eine hohe Lebensdauer gewährleistet werden kann. Überschreitungen der Temperaturgrenzwerte dieser Magnete können aufgrund ihrer physikalischen Eigenschaften irreversible Folgen in Form von Entmagnetisierungseffekten haben [1]. Da die Permanentmagnete für die Erzeugung des

---

* Niklas Pickert war während der letzten Phase seines Studiums an der Entwicklung und wissenschaftlichen Untersuchung für diese Arbeit am Labor für Autonome Systeme tätig.

Drehmoments mitverantwortlich sind, kann dies langfristig zu Verlusten hinsichtlich des Wirkungsgrades führen. Neben solchen Alterungseffekten haben unpräzise Kühlprozesse des Motors auch einen Einfluss auf die Energieeffizienz des Fahrzeugs, da sie ebenso wie die Betriebsregelung des Motors auf die gespeicherte Energie der Elektrobatterie zugreifen.

Die Betriebstemperatur in Permanentmagnet-Synchronmotoren wird in der Regel über einen Temperatursensor erfasst, der zwischen den Statorwicklungen im Motor verbaut ist. Allerdings gilt der gemessene Temperaturwert nur für die Statorwicklungen, aber nicht für die Permanentmagnete. Eine Sensorerweiterung zur direkten Temperaturmessung der Permanentmagnete ist aus technischer und ökonomischer Sicht nicht sinnvoll, da zusätzliche Komponenten mit Schwachstellen verbunden sind und schlanke Produktionsprozesse ein weiterer wichtiger Faktor im Automobilbau ist.

Theoretisch könnte die Methode der numerischen Strömungsmechanik eine mögliche Lösung für die Temperaturermittlung darstellen. Als eine etablierte Methode im Ingenieurwesen kann dabei die Luftströmung mittels CFD (Computational Fluid Dynamics) analysiert werden, um Temperaturverteilungen innerhalb des komplexen PMSM-Systems zu berechnen. Diese Methodik erfordert jedoch einen enorm hohen Rechenaufwand, welcher aktuell mit der Rechenleistung der Prozessoren im Automobilbereich nicht zu realisieren ist. Deshalb ist dieser Ansatz für eine Temperaturüberwachung im Echtzeitbetrieb nicht geeignet.

Eine vielversprechende Alternative zu den genannten Methoden bieten Verfahren des maschinellen Lernens (ML) [2] [3] [4]. Überwachte Lernalgorithmen können genutzt werden, um versteckte Zusammenhänge in historischen Daten empirisch zu erlernen und somit Vorhersagen für künftige Betriebsparameter des Motors treffen. Dies erfordert das Erlernen eines datenbasierten Modells, das in der Lage ist, mehrdimensionale Zeitreihendaten zu verarbeiten und die Temperatur der Permanentmagnete mit variierenden Einflussparametern vorherzusagen. Durch eine software-basierte Integration eines solchen Modells in die Steuerung und Regelung des Fahrzeugs, ist diese über den thermischen Zustand innerhalb des Motors informiert und kann effizientere Kühlprozesse anstoßen. Somit führt dies zur verbesserten Energieeffizienz und zur Vorbeugung kritischer Temperaturüberschreitungen.

2   PMSM-Struktur und -Regelung

Wie in Abb. 1 dargestellt ist, besteht ein Permanentmagnet-Synchronmotor im Wesentlichen aus einem ruhenden Stator und einem darin rotierenden Rotor. Durch Zugabe von elektrischem Strom über die hochkonzentrierten Statorwicklungen entsteht ein rotierendes Magnetfeld, das die Permanentmagnete auf dem Rotor erregt und somit ein Drehmoment erzeugt.

Sowohl die Regelung des Motorbetriebs als auch das Thermomanagement für den Motor erfolgt durch entsprechende Steuerungsprogramme. Das Softwaresystem ist mit der Leistungselektronik verbunden und versorgt sie mit notwendigen

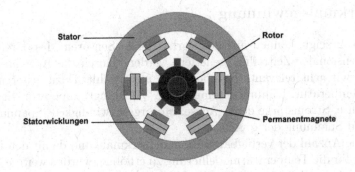

Abb. 1. Aufbau eines PMSM.

Informationen über den Motorzustand. Dabei werden sowohl Betriebsparameter wie Stromstärke und Drehstromfrequenz als auch die Intensität der Kühlprozesse ständig kontrolliert und der Motorstatus entsprechend angepasst. Die von der Steuerungssoftware zu berücksichtigenden Informationen beinhalten die Stromstärke, Drehzahlsignale des Rotors, die Winkellage des Rotors sowie die an den Wicklungen gemessene Statortemperatur.

Bei der Integration eines ML-Modells zur Ermittlung der Magnettemperaturen erfolgt dieses als Software-Schnittstelle zwischen dem Motor und der vorhandenen Steuerungssoftware. Die daraus generierten Informationen können dann zusammen mit den anderen Messwerten von der Steuerungssoftware berücksichtigt und die Betriebsregelung darauf aufbauend angestoßen werden. Abb. 2 verdeutlicht das Konzept des beschriebenen Motor-Regelungsprozesses.

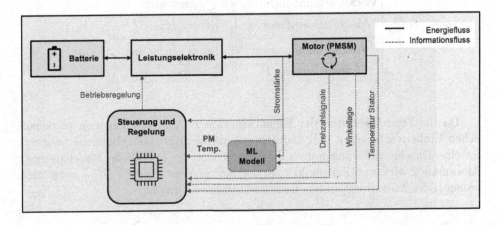

Abb. 2. Übersicht des PMSM-Regelungsprozesses.

3   Merkmalsgewinnung

Wie Abb. 2 zeigt, können aus den vorhandenen Sensoren Messdaten in Form
mehrdimensionaler Zeitreihen generiert werden. Durch die Korrelationsanaly-
se haben wir acht relevante Komponenten ausgewählt. Dazu gehören die Um-
gebungstemperatur, Kühlmitteltemperatur, Wicklungstemperatur, Stromstärke
der d–Achse, Stromstärke der q–Achse, Motorgeschwindigkeit, Spannung der d–
Achse und Spannung der q–Achse.

Um die Anzahl der verfügbaren Eingabemerkmale und damit den Informati-
onsgehalt für die Temperaturmodellierung zu erhöhen, wurden weitere Merkmale
von den bestehenden Messgrößen abgeleitet. Dies umfasst die Absolutstromstär-
ke, die Absolutspannung sowie die elektrische Effektivleistung, die jeweils aus
den Messwerten der d– und q–Achsen berechnet werden können. Tabelle 1 zeigt
eine Übersicht der verwendeten Eingabemerkmale. Aus allen in dieser Tabelle
dargestellten Merkmalskomponenten entsteht ein 11–dimensionaler Merkmalsvektor.

Tabelle 1. Merkmalsextraktion.

Merkmale	Merkmalsgewinnung
Umgebungstemperatur t_u	Messwerte
Kühlmitteltemperatur t_k	Messwerte
Stromstärke (d–Achse) i_d	Messwerte
Stromstärke (q–Achse) i_q	Messwerte
Spannung (d–Achse) u_d	Messwerte
Spannung (q–Achse) u_q	Messwerte
Motorgeschwindigkeit v	Messwerte
Wicklungstemperatur t_w	Messwerte
Absolutstromstärke $\lvert i \rvert$	$\lvert i \rvert = \sqrt{i_d^2 + i_q^2}$
Absolutspannung $\lvert u \rvert$	$\lvert u \rvert = \sqrt{u_d^2 + u_q^2}$
Effektivleistung P_e	$P_e = u_d\, i_d + u_q\, i_q$

Da die Zeitreihendaten der Eingabemerkmale auf verschiedenen physikalischen Einheiten basieren und dadurch unterschiedliche Wertebereiche besitzen,
ist eine Datennormierung notwendig. Aus jedem der in Tabelle 1 vorhandenen
Merkmale x wird zum Zeitpunkt t ein normierter Wert als $x_t^n = \frac{x_t - \mu}{\sigma}$ berechnet,
wobei μ der Mittelwert und σ die Standardabweichung ist.

4   Temperaturermittlung

Zur Ermittlung der Magnettemperaturen wurde ein statistisches Lernverfahren
entwickelt. Konkret wurde ein neuronales Netzwerk mit vier versteckten Schich-

ten ausgewählt. Damit das neuronale Netz in der Lage ist, den zeitlichen Charakter der mehrdimensionalen Zeitreihendaten effektiv zu erlernen, werden gleitende Mittelwerte aus den Zeitreihendaten gebildet, wobei Daten, die weiter in der Vergangenheit liegen, geringer als die aktuellen Daten gewichtet werden. Dadurch geschieht die Temperaturschätzung, die fortlaufend zu jedem einzelnen Zeitpunkt durchzuführen ist, stets unter der Berücksichtigung einer Folge von Merkmalsvektoren, die innerhalb einer bestimmten Länge in der Vergangenheit liegen.

Zur Realisierung dieses Konzeptes setzen wir ein sich fortbewegendes Rückblickfenster mit einer festgelegten Größe s auf die jeweilige Reihe von normierten Merkmalswerten. Daraus berechnen wir eine entsprechende Reihe der gleitenden Mittelwerte. Für jedes Merkmal lässt sich nun zu jedem Zeitpunkt t ein gewichteter Wert x_t^w wie folgt berechnen:

$$x_t^w = \frac{s-1}{s+1}\mu_{t-1} + \frac{2}{s+1}x_t^n, \tag{1}$$

wobei x_t^n der zum Zeitpunkt t normierte Merkmalswert und μ_{t-1} der gleitende Mittelwert von $\{x_{t-1}^n, x_{t-2}^n, \ldots, x_{t-s}^n\}$ aus dem aktuellen Rückblickfenster mit der Größe s ist.

Aus allen in Tabelle 1 genannten Merkmalen werden die geglätteten Zeitreihendaten generiert. Dadurch erhalten wir zu jedem Zeitpunkt t einen Merkmalsvektor X_t, dessen Dimension der Anzahl von Neuronen in der Eingabeschicht des neuronalen Modells gleicht. Somit können die geglätteten Zeitreihendaten in ein neuronales Netz eingegeben und für das Training genutzt werden. Abb. 3 schematisiert die Architektur des verwendeten neuronalen Modells. Es hat 11 Neuronen in der Eingabeschichte, 4 verborgene Schichten mit jeweils 14 Neuronen. Die Ausgabeschichte besteht aus einem einzelnen Neuron, das die vorherzusagende Temperatur ausgibt.

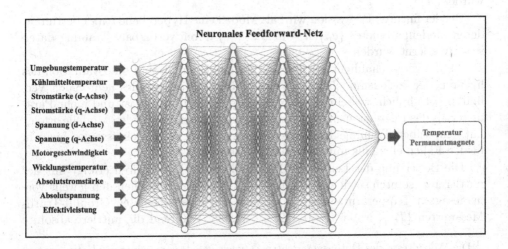

Abb. 3. Netzarchitektur.

5   Experimentelle Evaluation

Zur Validierung des vorgestellten Verfahrens wurde ein Datensatz [1] verwendet, der vom Fachgebiet Leistungselektronik und Elektrische Antriebstechnik der Universität Paderborn als Open-Source online veröffentlicht wurde. Dort wurden die Daten über einen Prüfstand eines Permanentmagnet-Synchronmotors mit einer Leistung von 50 kW aufgenommen. Der Datensatz enthält mehrere Aufnahmensequenzen, mit einem Umfang von insgesamt 185 Stunden mehrdimensionalen Zeitreihendaten. Die Messwerte wurden durch geeignete Sensoren mit einer Abtastfrequenz von 2 Hz erfasst und in mehrere Aufnahmeprofile unterteilt. Über eine Profil-ID ist jede kontinuierlich aufgenommene Datensequenz einem bestimmten Aufnahmeprofil zugeordnet. Es liegen insgesamt 52 Aufnahmeprofile vor.

Im Datensatz als Zeitreihendaten direkt vorhanden sind die Messwerte für die ersten acht Merkmalskomponenten, die in Tabelle 1 gelistet sind. Daraus lassen sich die Werte für die restlichen drei Merkmalskomponenten ableiten. Die Ground-Truth-Werte der Temperaturdaten für den PMSM liegen ebenfalls vor. Aus allen Aufnahmensequenzen wurden zwei disjunkte Datenmengen deklariert, die jeweils die Trainings- und Testdaten bilden. Die Anzahl an multidimensionalen Datenpunkten zum Erlernen bzw. Testen des Modells beträgt jeweils 1.290.428 bzw. 40.388.

5.1   Komparative Untersuchungen

Um die Leistungsfähigkeit des vorgestellten Verfahrens gegenüber der anderen Methodik zu vergleichen, haben wir komparative Untersuchungen durchgeführt. Zwei ML-Modelle wurden evaluiert, wobei das erste Modell mit einer einfachen linearen Regression und das zweite Modell mit dem vorgestellten Ansatz trainiert wurde.

Bei der linearen Regression wird als Modell eine Hyperebene $h_\theta(x)$ bestimmt, deren Modellparameter $\{\theta_n\}, n = 0, 1, 2, \ldots, j$ durch verfügbare Trainingsdaten iterativ erlernt wurden.

Abb. 4 veranschaulicht den Prozess für das Erlernen und die Evaluation des linearen Regressionsmodells. Der Prozess für das Erlernen des neuronalen Verfahrens ist ähnlich, wobei das neuronale Modell nicht linear ist und mehr Parameter als das Regressionsmodell besitzt. Das Erlernen der beiden Modelle erfolgt mit dem selben Trainingsdatensatz. Die Bewertung der Ergebnisse geschieht in beiden Fällen ebenfalls mit dem gleichen Testdatensatz.

Die Bewertung der Leistungsfähigkeit der beiden Verfahren erfolgt mit der mittleren absoluten sowie der maximalen Abweichung zwischen den jeweils vorhergesagten Temperaturwerten $\{T_{v_i}\}$ und den entsprechenden Ground-Truth-Messwerten $\{T_{g_i}\}$, wobei $i = 0, 1, 2, \ldots, 40.388$. Während die mittlere absolute

---

[1] Die Webadresse des Datensatzes: https://www.kaggle.com/wkirgsn/electric-motor-temperature

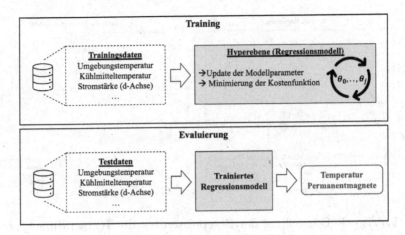

Abb. 4. Prozesse für das Erlernen und die Evaluation des Regressionsmodells.

Abweichung $\mathcal{E}_m$ immer positiv ist und nur einmal vorkommt, gibt es zwei Möglichkeiten für die maximale Abweichung: Die positive Maximalabweichung $\mathcal{E}_{Pmax}$ und die negative Maximalabweichung $\mathcal{E}_{Nmax}$, wobei

$$\mathcal{E}_{Pmax} = \arg\max_{i}\{T_{v_i} - T_{g_i}\}, \tag{2}$$

und

$$\mathcal{E}_{Nmax} = \arg\min_{i}\{T_{v_i} - T_{g_i}\}. \tag{3}$$

Die beiden Werte $\mathcal{E}_{Pmax}$ und $\mathcal{E}_{Nmax}$ geben Informationen darüber, welche größtmöglichen Fehler das trainierte Modell innerhalb der Testzeitreihen produzieren wird. Von besonderem Interesse ist hierbei der Wert der negativen Maximalabweichung $\mathcal{E}_{Nmax}$, da gerade zu niedrig vorhergesagte Temperaturwerte schädliche Folgen für den Motor verursachen könnten.

5.2 Ergebnisse

Die Implementierung des neuronalen Feedforward-Netzes erfolgt unter der Verwendung der ML-Frameworks TensorFlow und Keras. Dabei haben wir die Länge des Rückblickfensters s, die in Gleichung (1) vorkommt, empirisch mit $s = 1300$ bestimmt. Für das Experiment mit dem linearen Regressionsverfahren wurde die Python Bibliothek Scikit-learn eingesetzt. Anhand der Testdaten wurden die vorhergesagten Temperaturen für beide Modelle berechnet und die jeweils erzielte Genauigkeit entsprechend ermittelt.

Visualisiert in Abb. 5 sind die Kurven der vorhergesagten Temperaturen zusammen mit den Ground-Truth-Temperaturwerten. Hier lassen sich sogleich die Abweichungen beobachten. Die jeweiligen numerischen Werte der Abweichungen in der Temperaturschätzung sind in Tabelle 2 erfasst.

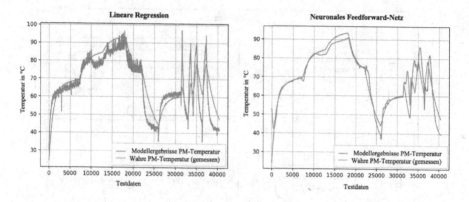

Abb. 5. Visuelle Darstellung der Ergebnisse über die Temperaturschätzung_in beiden Verfahren, links das Ergebnis mit dem linearen Regressionsmodell, rechts das Ergebnis mit dem neuronalen Netz.

Tabelle 2. Ergebnisse der Temperaturermittlung

Methodik	$\mathcal{E}_m\,(^{\circ}C)$	$\mathcal{E}_{Pmax}\,(^{\circ}C)$	$\mathcal{E}_{Nmax}\,(^{\circ}C)$
Lineare Regression	5.62	31.42	-26.41
Feedforward-Netz	3.29	17.48	-10.57

Eine Betrachtung der Metriken und der visuellen Darstellung der Temperaturkurven zeigt, dass beide ML-Verfahren eine Annäherung der Temperaturwerte vorweisen können. Klar ersichtlich ist jedoch, dass die Vorhersagen des neuronalen Netzes sowohl deutlich weniger Rauschen als auch wesentlich höhere Genauigkeiten erzielt haben. Dies ist zum Teil darin zu begründen, dass das lineare Regressionsmodell gewisse Schwierigkeiten hatte, komplexere Zusammenhänge innerhalb des Datensatzes zu erlernen. Hinzu kommt, dass das Regressionsmodell nur mit normierten Merkmalswerten aber ohne die Verwendung eines Rückblickfensters trainiert wurde. Dadurch lässt sich bestätigen, dass die Berücksichtigung sowie geeignete Repräsentation der Sensordaten aus dem vergangen Betriebsverlauf für die fortlaufende Temperaturvorhersage unentbehrlich ist.

6 Diskussion

Maschinelles Lernen bietet einen vielversprechenden Ansatz, systemkritische Informationen wie die Temperatur der Permanentmagnete in einem komplexen PMSM-System zu erheben. Ohne hardwarebasierte Erweiterungen des Motors können datengetriebene Modelle dazu verwendet werden, die Ist-Temperatur verschiedener Komponenten vorherzusagen. Dies gelingt, indem sie Zusammenhänge anhand historischer Zeitreihendaten erlernen.

In dieser Arbeit haben wir einen Ansatz für die Temperaturermittlung eines PMSM entwickelt. Unter der Berücksichtigung der Echtzeitfähigkeit haben wir versucht, ein neuronales Modell mit schlanker Netzarchitektur zu lernen. Für ein solches Modell ist die Auswahl sowie geeignete Repräsentation der Sensordaten unentbehrlich. Nach der statistischen Analyse der vorhandenen Messdaten wurden zunächst relevante Merkmalskomponenten ausgewählt. Im Anschluss wurden weitere Merkmale abgeleitet, sodass ein 11–dimensionaler Merkmalsvektor gebildet wird. Mit der Einführung eines Rückblickfensters werden die aktuell vorliegenden Zeitreihendaten stets als kompakte Eingangsvektoren repräsentiert. Dadurch können relevante Informationen aus dem vergangenen zeitlichen Ablauf bei der Temperaturschätzung berücksichtigt werden, ohne dabei die Dimension der Merkmalsvektoren vergrößern zu müssen. Eine derartig kompakte Repräsentation der Zeitreihendaten macht es somit überflüssig, komplexere neuronale Modelle mit tiefengehenden Netzarchitekturen für die Temperaturschätzung einzusetzen.

Der Ansatz wurde mit einem Regressionsverfahren experimentell verglichen. Die Ergebnisse zeigen, dass unser Ansatz mit dem Feedforward-Netz eine höhere Präzision für die Temperaturvorhersage erzielt hat. Da wir bei dem Erlernen des neuronalen Modells außer dem Gradientenabstieg keine speziellen Optimierungsverfahren verwendet haben, ist zu erwarten, dass sich die Genauigkeit der Vorhersage durch geeignete Optimierung des Lernprozesses erhöhen lässt. Außerdem besteht die Möglichkeit, die Zusammenhänge zwischen den Eingangsvektoren, den Resonanzen der Neuronen in den verborgenen Schichten und den Temperaturvorhersagen durch passende Methoden zu visualisieren und zu analysieren. Dabei können ferner Untersuchungen mit weiteren Datensätzen und Motoren durchgeführt werden, um Modelle mit besseren Generalisierungsfähigkeiten zu konstruieren und dies auf einem Versuchsträger zu realisieren und umfassend zu testen.

Literaturverzeichnis

1. O. Bilgin und F. A. Kazan: The effect of magnet temperature on speed, current and torque in PMSMs, 2016 XXII International Conference on Electrical Machines (ICEM), 2016.
2. H. Guo, Q. Ding, Y. Song, H. Tang, L. Wang und J. Zhao: Predicting temperature of permanent magnet synchronous motor based on deep neural network, Energies, vol. 13, no. 18, 2020.
3. W. Kirchgässner und O. Wallscheid: Data-driven permanent magnet temperature estimation in synchronous motors with supervised machine learning: A benchmark, IEEE Trans. Energy Conversion, vol. 36, no. 3, 2021.
4. N. Pickert: Temperature estimation of permanent magnet synchronous motors using machine learning methods, Abschlussarbeit, Technische Hochschule Köln, 2021.

Zeitoptimierungsuntersuchungen für Algorithmen des maschinellen Lernens

Dena Farooghi, Bernard Beitz, Bayan Awad und Dietmar Tutsch

Lehrstuhl für Automatisierungstechnik/Informatik
Bergische Universität Wuppertal
{dfarooghi|bbeitz|bayan.awad|tutsch@uni-wuppertal.de}

Zusammenfassung. Dieses Paper beschäftigt sich mit Laufzeitoptimierung der Machine-Learning-Algorithmen „Naive Bayes" und „K-Nearest Neighbour (KNN)" zur Erreichung von Echtzeitbedingungen. In einem ersten Schritt werden Maßnahmen zur Vorverarbeitung und Bereinigung der Daten untersucht. Darauf aufbauend wurde eine Zeitanalyse der Algorithmen durchgeführt und die Ergebnisse miteinander verglichen. Bei diesen haben wir uns mit der Frage beschäftigt, wie das bestmögliche Resultat von rechtzeitigen Ergebnissen bei Echtzeit-Kriterien erzielt werden kann. Um diese zu beantworten, werden die Daten zunächst vorbereitet und bereinigt. Anschließend werden die gelabelten Daten mit Hilfe von den Algorithmen mit einer hohen Genauigkeit klassifiziert. Schließlich erfolgt eine Zeitanalyse und Untersuchung mehrerer Methoden zur Distanz- und Merkmalmanipulation, um eine Zeitoptimierung unter Echtzeitbedingungen zu erreichen.

1 Einleitung

Das vorliegende Paper liefert Methoden und Ergebnisse, die den Forschungsstand zum Thema „künstliche Intelligenz (KI)" zusammenfassen und neue Erkenntnisse in Hinblick auf Echtzeit-Data-Mining liefern. Die Ergebnisse dieser Forschung eignen sich für die weiterführende Analyse von KI-Algorithmen und leisten einen akademischen Beitrag zur Diskussion über die Zeitanalyse und -optimierung von Echtzeit-Datenermittlungen und -Datenverarbeitung.

Um bessere Ergebnisse für eine Zeitoptimierung zu gewinnen, werden Klassifizierungsalgorithmen wie KNN und Naive Bayes untersucht. Die Klassifizierung bei KNN erfolgt, indem der nächste Nachbar durch verschiedene Abfragemöglichkeiten identifiziert wird. Diese werden wiederum genutzt, um die Klasse der Abfrage zu bestimmen. Der Schwerpunkt dieses Ansatzes liegt darin, die Merkmale der verwendeten Objekte zu vergleichen und Ähnlichkeiten ggf. Distanzen zu bestimmen.

Naive Bayes-Algorithmus basiert in Gegensatz zu KNN auf Wahrscheinlichkeiten der Klassen, wenn es darum geht, diese anhand einer Reihe von Beobachtungen zu bestimmen.

Um die Echtzeitanforderungen einzuhalten, muss den Algorithmen einer Zeitanalyse und anschließend einer Zeitoptimierung unterzogen werden. Die Anpassung durch verschiedene Methoden wird durch Experimente untersucht. Am Ende dieser Arbeit wird der langsamere Trainingsalgorithmus so optimiert, dass die besten Ergebnisse erzielt werden, wenn der Algorithmus nach einer bestimmten Zeit terminiert werden muss.

2 Stand der Technik

2.1 Maschinelles Lernen und dessen Methoden

Die automatische Suche nach bestimmten Informationen und Mustern in umfassenden Datenbanken mit Hilfe von computergestützten Verfahren, die verschiedenen Statistiken und Analysen verwenden, wird durch eine Vielfalt von Ansätzen erreicht. Damit ein Modell Muster automatisch erkennt, muss dieses auf die entsprechenden Daten trainiert werden. Das Training extrahiert potenzielle und nützliche Informationen aus Datensätzen und analysiert diese, um aussagekräftige Muster und Beziehungen zu identifizieren. Beim maschinellen Lernen werden aus Antworten und Daten Regeln gewonnen. Für einen erfolgreichen Lernprozess müssen dabei einige essenzielle Schritte befolgt werden:

- Problemstellung verstehen
- Datenverarbeitung
- Datenexploration
- Datenanalyse
- Bewertung

Die Befolgung dieser Schritte vereinfacht die praktische Anwendung maschinellen Lernens.

Für die Beantwortung der Forschungsfrage wurde für das Verfahren des überwachten Lernens entschieden, da das Model auf gelabelten Daten basiert. Hierbei werden zur Entscheidungsfindung Datensätze mit Hilfe eines Algorithmus in einem Modell trainiert.

Nächste-Nachbarn-Klassifikation Die Nächste-Nachbarn-Klassifikation dient zur Klassifikation der Objekte nach ihrer Merkmalähnlichkeit mit anderen Objekten. Die Wahl von K (Anzahl der Nachbarn) spielt hier eine große Rolle. Je nach K kommt es zu einer mehr oder weniger starken Entscheidung.

Naive Bayes-Klassifikation Eine weitere Methode des maschinellen Lernens für das Datentraining ist die Naive Bayes-Klassifikation. Diese vereinfacht das Lernen, indem angenommen wird, dass Merkmale für eine bestimmte Klasse unabhängig sind. Dazu wird zwischen drei Formen von Wahrscheinlichkeitsberechnung und deren Zusammenhängen unterschieden:

- Marginale Wahrscheinlichkeit: Die Wahrscheinlichkeit des Ereignisses A, unabhängig von anderen Ereignissen, $P(A)$

- Gemeinsame Wahrscheinlichkeit: Die Wahrscheinlichkeit von zwei oder mehreren Ereignissen, beispielsweise Ereignis A und Ereignis B unabhängig voneinander, $P(A, B)$
- Bedingte Wahrscheinlichkeit: Die Wahrscheinlichkeit von Ereignis A, wenn Ereignis B gegeben ist, $P(A|B)$

3 Datenverarbeitung

Für das vorliegende Forschungsthema stehen verschiedene Tabellen mit Merkmalen und Attributen der Museumsobjekte zur Verfügung. Diese Daten sind aus einer SQL-Datenbank in CSV-Dateien exportiert und enthalten Informationen über die insgesamt 3828 Objekte. Für jedes Objekt stehen 35 Merkmale zu Verfügung, die nicht alle unbedingt relevant sind (Tabelle 1). Diese Objekte werden in Klassen zugewiesen, die das Material zeigen, aus denen die Objekte bestehen.

Tabelle 1. Beispiel für irrelevante Merkmale für die Klassifikation

ID	Amount	Description conservation	Created at	Updated at
1	1	undetermined	2018-09-24 07:56:43 UTC	2020-07-13 14:47:55 UTC
2	1		2018-09-24 07:56:43 UTC	2019-12-21 07:05:27 UTC
3	1	undetermined	2018-09-24 07:56:43 UTC	2018-11-24 12:09:52 UTC
4	1	undetermined	2018-09-24 07:56:43 UTC	2018-11-20 09:15:39 UTC
5	1	undetermined	2018-09-24 07:56:43 UTC	2018-11-20 09:15:39 UTC
6	1	undetermined	2018-09-24 07:56:43 UTC	2020-10-19 10:28:28 UTC
7	1		2018-09-24 07:56:44 UTC	2019-03-12 15:12:40 UTC
8	1	undetermined	2018-09-24 07:56:44 UTC	2018-11-20 09:15:40 UTC

Die Spalte „Description conservation" gibt das Datum der Erstellung einer jeweiligen Reihe in der Datenbank an. Diese Angaben sind für eine Objektklassifikation nicht notwendig, da sie nicht auf die Materialeigenschaften zurückführen können. Die Spalte „ID" ist die ID des jeweiligen Objekts und dient zur Zusammenführung der Tabellen. In der Tabelle 2 wiederum gibt es die Spalten „Kind of object" und „color" , die für die Klassifikation sehr aussagekräftig sind und bei der Ermittlung des Materials die Auswahl begrenzen. Eine Skulptur besteht höchstwahrscheinlich aus Stein und eine Waffenrüstung besteht aus Metall. Jedoch konnte bei einigen Objekten, wie ein Schmuckstück, nicht eindeutig das Material bestimmt werden. Es wurden insgesamt sieben Merkmale für die Klassifikation ausgewählt.

Für solche Fälle mussten andere Merkmale wie die Farbe zur Klassifikation beitragen. Daher ist es entscheidend, auf alle relevante Angaben Rücksicht zu nehmen.

Tabelle 2. Beispiel für aussagekräftige Merkmale für die Klassifikation

MaterialSpecified	Color	KindOfObjekt
Nabataean eggshell ware	buff	vessel
sintered-quartz ceramic	beige	vessel
gold	golden	jewelry
bronze	bronze colored	weapon/armor
wood	undetermined	vessel
reed	brown	container
bone	undetermined	tool
bone	beige	tool

4   Datenanalyse und Modell-Training

4.1   Datenanalyse

Zunächst wurden die Zusammenhänge zwischen den Datensätzen identifiziert. Ein Überblick über die Verteilung der Daten zeigt, dass einige Eigenschaften der Objekte geringe Zusammenhänge mit dem entsprechenden Material haben (Abb. 1). Außerdem liegen manche Eigenschaften für nur wenige Objekte vor und sind in diesem Falle nicht sehr informativ aber auch nicht nutzlos. Allerdings gibt es Eigenschafen, die für die Vorhersage sehr essentiell sind und bei der Vorhersage eine große Rolle spielen.

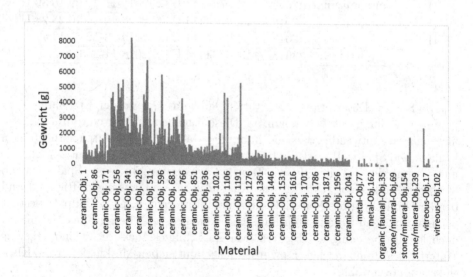

Abb. 1. Nicht klarer Zusammenhang zwischen Material und Gewicht jedes einzelnen Objekts für 3826 Objekte

4.2   KNN-Lernverfahren

Bei Klassifizierungsaufgaben kann zwischen mehrere Varianten unterschieden werden, die sich jeweils in der Art der Zielvariablen unterscheiden. Es wird zwischen One-Class-, Binären-, Mehrklassen- und Multilabel-Klassifizierung unterschieden.

Hier handelt es sich um eine Mehrklassen-Klassifizierung, da es sich um die Klassifizierung der Objekt in mehr als zwei Klassen handelt. Es liegen acht Klassen vor, die durch Sieben Eingabeattribute vorhergesagt werden sollen. Da es um eine merkmalabhängige Klassifizierung geht, wurde der Nächste-Nachbar-Algorithmus gewählt. Die Klassifizierung erfolgt in folgenden drei Schritten:

- Berechnung der Abstände zwischen den Nachbarn
- Speichern der nächsten Nachbarn
- Treffen einer Vorhersage

Euklidische Distanz Um die Entfernungen zwischen dem gesuchten Objekt und allen anderen Trainingsdaten zu ermitteln, werden die entsprechenden Punkte als Vektoren dargestellt (P_1 und P_2) und deren unmittelbarer Linienabstand gesucht. Bei der euklidischen Distanz wird die Wurzel der Summe der quadrierten Differenzen zwischen den beiden Vektoren berechnet. Je kleiner dabei die Distanz zwischen zwei Objekten ausfällt, desto größer ist deren Ähnlichkeit.

$$d_{Eukl.}(P_1, P_2) = \sqrt{\sum_{i=1}^{n}(P_{1i} - P_{2i})^2} \qquad (1)$$

Die euklidische Distanz führt im Falle der in den vorliegenden Datensätzen verwendeten Skalierung zu nicht sinnvollen Ergebnissen, da die Differenz zwischen den hier verwendeten Nominalskalen für die Berechnung ohne inhaltliche Bedeutung ist. Daher muss eine andere Abstandsfunktion verwendet werden.

Hamming-Distanz Hamming Distanz bestimmt die Ähnlichkeit zweier Objekte anhand der Übereinstimmung der Merkmale. Sie dient zu Berechnung der Unterschiedlichkeit von Attribute und ermittelt die Anzahl der Merkmale (Dimensionen), in denen sich zwei Vektoren unterscheiden.

$$d_{Ham}(P_1, P_2) = \sum_{i=1}^{n} count(P_{1i} \neq P_{2i}) \qquad (2)$$

4.3   Naive Bayes-Lernverfahren

Ein weiterer Algorithmus, der zur Klassifizierung der Objekte verwendet wurde, ist der Naive Bayes-Algorithmus. Dieses Lernverfahren gibt die Wahrscheinlichkeit der Zugehörigkeit eines Objekts zur einer bestimmten Klasse an. Die praktische Durchführung lässt sich dabei in vier Schritten umsetzen.

- Klassenaufteilung
- Statistiken berechnen
- Gaußsche Wahrscheinlichkeitsdichtefunktion
- Vorhersage treffen

Am Ende wird das Objekt der Klasse zugewiesen, die die höchste Wahrscheinlichkeit aufweist.

4.4 Vergleich der Lernverfahren

Um herauszufinden, welches der beiden Lernverfahren besser für die Klassifizierung der 3826 Datensätze geeignet ist und verbessert werden kann, folgte eine Genauigkeits- und eine Zeitanalyse. Für die Überprüfung der Genauigkeit, wurden die Datensätze in zwei Gruppen „Trainingsdaten" und „Testdaten" aufgeteilt. Die Aufteilung erfolgt in 7:3 Verhältnis. In diesem Kontext bilden die Trainingsdaten 70% und die Testdaten 30% der Gesamtdaten.

Genauigkeitsanalyse Für den Vergleich der beiden Verfahren wurden alle Testdaten durch den jeweiligen Algorithmus einmal klassifiziert und anschließend auf Richtigkeit überprüft. Der Vergleich zeigt, dass bei der Nächste-Nachbarn-Klassifikation 98,8% der Testdaten richtig klassifiziert wurden, während beim Naive Bayes-Ansatz nur 87%.

Zeitanalyse Im Gegensatz zu KNN schließt der Naive Bayes-Algorithmus bei der Zeitanalyse viel besser ab und braucht nur die Hälfte der Zeit. Das KNN-Verfahren führt eine einzige Klassifikation durchschnittlich in 0,014s durch, während das Naive Bayes 0,007s braucht, wobei diese Zeitangabe vn der Hardware abhängt. Das wird dadurch erklärt, dass das KNN-Modell für jede Abfrage erneut alle Abstände berechnet.

5 Zeitanalyse und Zeitoptimierung

5.1 Zeitanalyse

Im implementierten Code für die Nächste-Nachbarn-Klassifikation wurde zur Identifikation eines potenziellen Verbesserungsbedarfs zunächst eine Zeitanalyse an verschiedenen Stellen durchgeführt. Diese zeigt, dass 98 % der benötigten Zeit, um eine Vorhersage zu treffen, bei der Suche nach den nächsten Nachbarn vergeht. Während die gesamte Klassifizierungszeit bei 0.0199s liegt, benötigt die Funktion zu Nachbarsuche allein 0.0190s. Daher liegt in dieser Funktion der größte Rechenaufwand. Für die Zeitoptimierung haben wir uns daher auf diesen Aspekt fokussiert.

5.2 Zeitoptimierung

Der Grund für den hohen Rechenaufwand ist die Benutzung von Numpy-Arrays, die als universelle Datenstruktur zur Verarbeitung und Berechnung der Daten dienen. Diese werden für jeden Datensatz neu erstellt, da das Numpy jedes Mal ein vollständig neues Array zuweisen und die alten Daten erneut kopieren muss. Um das Problem zu lösen, wird eine Liste erstellt, an die alle Daten angehängt werden können, ohne auf Kopien zurückgreifen zu müssen. Danach erfolgt eine Prüfung der daraus resultierenden Zeitoptimierung. Durch das Anlegen von Listen verringert sich die Zeit für einen kompletten Klassifizierungsdurchlauf. Die ursprüngliche Zeit wird durch diese Maßnahme auf ein Fünftel reduziert (Abb. 2).

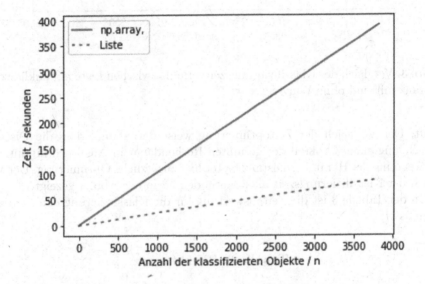

Abb. 2. Vergleich des Klassifizierungs-Zeitverlaufs zwischen Numpy-Array und Liste mit euklidischer Distanz

Ein weiterer Versuch die Klassifizierungszeit zu reduzieren, ist die Manipulation der euklidischen Distanz durch weniger Aufwand, ndem die relativ zeitaufwendige Berechnung der Wurzel in (1) weg gelassen wird. Dies ist möglich, da sich die relativen Distanzen der Punkte zueinander dadurch nicht verändern. Die Benutzung dieser Distanz wird hier nur theoretisch und zum Zweck der Zeitoptimierung betrachtet. Die Ergebnisse sind hierbei vergleichbar (Abb. 3). Auf diese Weise konnte eine weitere Verringerung der Laufzeit erreicht werden, wenn auch nicht im selben Umfang wie bei der vorherigen Maßnahme.

Anschließend wird versucht die Klassifizierungszeit anhand Attribut-Reduzierung zu verringern, da in diesem Fall weniger Abstandberechnung benötigt wird. Diese Methode wird sowohl für die Liste als auch für das Numpy-Array über-

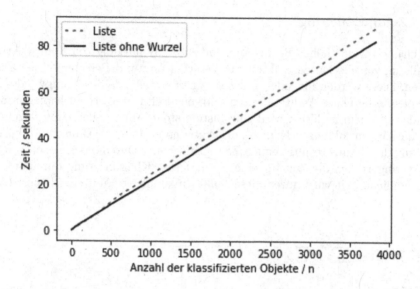

Abb. 3. Vergleich des Klassifizierungszeitverlaufs zwischen Liste mit euklidischer Distanz mit und ohne Wurzel

prüft. Der Vergleich der Zeitoptimierung weist darauf hin, dass die Distanzberechnung einen Großteil der gesamten Rechendauer in Anspruch nimmt. Die Verwendung der Hamming-Distanz bietet hier zusätzliche Optimierung. Der Vergleich der Klassifizierungszeit aller Methoden ist in der Abb. 4 gezeigt.

In der Tabelle 3 ist die Zeitauswertung für die Klassifizierung eines Objekts aufgelistet.

Tabelle 3. Befehlsformat

Methode	Klassifizierungszeit
Klassifizierung mit np.array	101ms ± 1.87ms
Klassifizierung mit np.array und Datenreduzierung	88.4ms ± 2.02ms
Klassifizierung mit Liste und Euklidische Distanz	22.3ms ± 946μs
Klassifizierung mit Liste ohne Wurzel der Eukl. Distanz	21.1ms ± 268μs
Klassifizierung mit Liste und Datenreduzierung	10.8ms ± 468μs
Klassifizierung mit Liste und Hamming-Distanz	6.17ms ± 735μs

6   Zusammenfassung

Die Ergebnisse der Analyse zeigen, dass der größte Aufwand in der Methode der Nachbarsuche liegt, die den höchsten rechnerischen Aufwand der Klassifi-

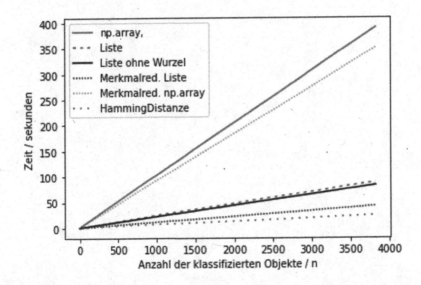

Abb. 4. Vergleich des Klassifizierungs-Zeitverlaufs inklusive gekürzter Datensätze für das Numpy-Array

zierungsvorgangs beinhaltet. Mit der hier vorgestellten Datenmanipulation kann dieser Aufwand minimiert werden, dennoch ist die Durchführung der Echtzeit-Auswertung unter bestimmten Bedingungen möglich. Nach der Anpassung der mathematischen Vorgänge, Optimierung der Trainingsdaten und weitere Modifikationen wurde die Laufzeit des Algorithmus um 93% reduziert und dadurch die Echtzeitklassifikation erfolgreich durchgeführt. Dadurch stellt eine Zeitbeschränkung kein Hindernis für die Echtzeiterkennung der Materialien dar.

Literaturverzeichnis

1. B. Awad: Bachelor-Thesis: Echtzeitklassifikation für die Erkennung von Materialien der Museumsobjekte aus gelabelten Merkmalen, 2021
2. J. de Beer: Patern Recognition: Knowledge from Information. `http://patternrecognition.tech/modellentwicklung/klassifizierung`
3. C. Bishop: *Pattern Recognition and Machine Learning (Information Science and Statistics)*, 1. Auflage 2006, überarb. Aufl. 2011, Springer, 2021
4. J. Brownlee: Your First Machine Learning Project in Python Step-By-Step, Machine Learning Mastery, 19. August 2020. `https://machinelearningmastery.com/machine-learning-in-python-step-by-step`
5. J. Brownlee: Naive Bayes Classifier From Scratch in Python. Machine Learning Mastery, 2019. `https://machinelearningmastery.com/naive-bayes-classifier-scratch-python/`, 2019
6. F. Gorunescu: *Data Mining: Concepts, Models and Techniques*, Intelligent Systems Reference Library (12), Band 12, Berlin: Springer, 2011
7. T. Meisen: Applied Maschine Learning, Vorlesung BUW, S. 20, 2020

Printed in the United States
by Baker & Taylor Publisher Services